한일관계의 미래지향적 인식
日韓關係の未來志向的認識

유 영 렬 (柳 永 烈)

국학자료원(國學資料院)

Consciousness of Korea-Japan Relations in the Future Prospect

by

Young Nyol Yoo, Ph.D
Soong-sil University

Kookhak Jaryowon
2000

책을 내면서

항상 얼굴을 맞대야 하는 이웃은 사이가 좋아야 한다. 이웃이 서로 증오감을 가지고 있으면 참으로 괴로운 일이다. 한국과 일본은 이사갈 수도 없는 숙명적인 이웃이다. 그런데 한일 양국은 지난 반세기 동안 서로 나쁜 감정으로 지내온 것이 사실이다.

한국인의 반일감정은 일본의 침략과 식민통치에서 발원했고, 이에 대한 일본의 형식적인 사과와 「식민통치은혜론」에서 증폭되어 왔다. 따라서 한국측은 일본측의 진정한 사과와 반성을 지속적으로 촉구해 왔고, 이에 일본인들은 한국을 혐오하는 혐한감정을 가지게 되었다. 진정한 사과와 반성을 회피하는 것도 문제이지만, 민족감정을 가지고 과거에 대한 책임을 거듭 거듭 추궁하는 것도 문제이다.

이제 21세기를 맞아 한일관계는 새롭게 모색되어야 한다. 새로운 한일관계는 정부 차원에서뿐만 아니라 민간 차원에서도 모색되어야 한다. 이를 위하여 한일 양국민은 사고의 일대 전환이 필요하다. 그것은 민족적 차원의 공격을 인간적 차원의 이해로, 과거지향적 역사인식을 미래지향적 역사인식으로, 적대적 대결의식을 우호적 협력의식으로 전환하는 것이다.

이 책은 한일간의 우호협력을 바라는 한국의 대학생과 일반 사회인들, 특히 일본관련 학과의 학생들과 일본관련 업무에 종사하는 직장인들, 그리고 한국에 관심을 가지고 있는 일본인들을 대상으로 하여 쓰여진 것이다. 따라서 제1부는 한국어편으로 하고, 제2부는 일본어편으로 했다. 이 책에는 한일관계에 대한 논설과 논문에 준하는 글, 그리고 논문이 수록되어 있는데, 이 글들은 외형적으로는 학술 논문의 형식을 취하고 있으나, 그 내용은 대학생과 일반 사회인들이 부담없이 읽을 수 있도록 쉽게 쓰여져 있다.

　제1장은 오늘날 한국인들이 대체로 일본을 어떻게 보고 있는가를 간명하게 정리한 글이다. 제2장은 한국이 일본의 식민지가 되기 직전인 구한말에 애국계몽언론이 일본을 어떻게 인식했는가를 분석한 논문이다. 제3장은 한국 고등학교의 국사교과서(근대편)에서 한일관계의 서술 부분을 추출 요약하여, 한국 국사과과서가 일본에 대하여 어떻게 서술하고 있는가를 사실적으로 소개한 글이다. 제4장은 일본 고등학교의 국사교과서(근대편)에서 한일관계의 서술 부분을 그대로 인용 정리하여, 일본 역사교과서가 한국에 대하여 어떻게 서술하고 있는가를 개관적으로 소개한 글이다. 제5장과 제6장은 근대 한일관계의 역사를 미래지향적인 시각에서 보아, 한일간의 진정한 우호협력을 모색해야 한다는 논리를 주장한 논설에 준하는 글이다.

　필자는 1998년 1년 동안, 일한문화교류기금의 초빙을 받아 명치학원대학의 객원 연구교수로 있으면서, 한일양국의 고등학교 국사교과서를 비교 연구한 바 있다. 이 때 필자는 명치학원대학의 일한관계연구회 회원들과 동아시아역사교육연구회의 회원들, 그리고 타카나와교회 교인들과 널리 교유하였다. 그들은 필자가 한국 고등학교 국정 국사교과서 집필자라는 점, 더욱이 학생시절에 한일회담 반대데모의 주동자였던 점에서, 필자의 한일관계 인식에 각별한 관심을 보여 주었다. 그리고 우리는 한일관계의 미래지향적 인식에 공감하여 좋은 친구가 되었다. 이 책은 이들 친구들의 격려에 의하여 구상된 것이다.

　이 책의 제3장, 제4장, 제5장의 글은 일한문화교류기금의 연구지원에 의하여 이루어졌다. 제2장을 제외한 모든 글은 필자가 일본어로 번역한 것을 명치학원대학의 일한관계연구회 회원들이 자연스러운 일본어로 고쳐준 것이다. 제2장의 논문은 한일공동연구의 일환으로 작성되었고, 그 일본어 번역은 한일공동연구 일본팀 교수의 번역을 다소 손질하여 쓴 것이다. 이 책의 원고 정리와 교정을 도와준 숭실대학교 사학과 강사 황민호·한명근 선생에게 감사의 뜻을 표한다. 이 책에 수록된 각 장의 글들은 완전히 독립된 글이므로, 순서대로 읽을 필요가 없다. 또한 한일협력을 강조하는 부분에는 동일한 내용과 표현이 중복되는 곳도 있다. 이 책이 한일관계의 개선에 조금이라도 도움이 되기를 기대한다.

끝으로 이 책의 출판을 기꺼이 맡아준 국학자료원의 정찬용 사장과 편집부 여러분께 감사를 드린다.

2000년 4월 1일
잠원동 서재에서
유 영 렬

出版にあたり

　いつも顔を寄せるべきの隣同士は、親しいのが良い。隣が互いに憎悪感を持っていれば苦しいことである。　日本と韓国は、引っ越すことも出来ない宿命的な隣である。ところが、日韓両国は、去る半世紀の間、互いに悪い感情を持って過して来たのが事実である。

　韓国人の反日感情は、日本の侵略と植民統治から発生したが、これに対する日本の形式的な謝罪と「植民統治恩恵論」によって増幅されて来た。したがって、韓国側は、日本側の真正な謝罪と反省を持続的に促し求めて来たし、これに因って日本人たちは、韓国を嫌惡する嫌韓感情を持つようになった。真正な謝罪と反省を回避するのも問題であり、民族感情を持って過去に対する責任を重ね重ね追及するのも問題である。

　今21世紀を迎えて、日韓関係は、新しく摸索しなければならない。新たな日韓関係は、政府レベルからだけではなく、民間レベルからも摸索できなければならない。そのためには日韓両国民は、思考の一大転換が必要である。それは民族的次元の攻撃を人間的次元の理解に、過去志向的歴史認識を未来志向的歴史認識に、敵対的対決意識を友好的協力意識に転換することである。

　この本は、日韓間の友好協力を望んでいる韓国の大学生と一般社会人たち、特に日本関連学科の学生たちと日本関連業務に勤めている人々、そして　韓国に関心を持っている日本人たちを対象にして書かれたものである。したがって、第1部は韓国語編とし、第2部は日本語編

とした。この本には、日韓関係に対する論説と論文に準じる文、そして論文が収められている。これらの文は、外形的には学術論文の形式を取っているが、その内容は、大学生と一般社会人たちが負担なしに読めるように易しく書かれている。

　第1章は、今日、韓国人が大体に日本をどう見ているのかを簡明に整理した文である。第2章は、韓国が日本の植民地になる直前である朝鮮末期に愛国啓蒙言論が日本をどう認識したかを分析した論文である。第3章は、韓国高等学校の韓国史教科書(近代篇)から日韓関係の記述部分を抽出要約して、韓国の歴史教科書が日本に対して、どう記述しているのかを事実的に紹介した文である。第4章は、日本高等学校の日本史教科書(近代篇)から日韓関係の記述部分をそのまま引用整理して、日本の歴史教科書が韓国に対して、どう記述しているのかを客観的に紹介した文である。第5章と第6章は、近代日韓関係の歴史を未来志向的な視角で見て、日韓間の真正な友好協力を摸索しなければならないという論理を主張する論説に準じる文である。

　筆者は、1998年の1年間、日韓文化交流基金の招聘を受けて明治学院大学の客員研究教授として、日韓両国の高等学校歴史教科書を比較研究したことがある。その時、筆者は、明治学院大学の日韓関係研究会の会員たちと東アジア歴史教育研究会の会員たち、そして、高輪教会の教人たちと広く交遊した。かれらは、筆者が韓国高等学校の国定韓国史教科書の執筆者である点、その上に、大学時代に日韓会談に反対するデモの主動者であった点で、筆者の日韓関係の認識に各別の関心を示して下さった。そして我々は日韓関係の未来志向的認識に共感して良い友人になった。この本は、その友人たちの激励によって構想されたものである。

　この本の第3章、第4章、第5章の文は、日韓文化交流基金の研究支援

によって出来たものである。第2章を除いて、すべての文は、筆者が日本語で飜訳したものを明治学院大学の日韓関係研究会の会員たちが自然な日本語に直して下さったものである。第2章の論文は、日韓共同研究の一環として作られたし、その日本語飜訳は、日韓共同研究の日本チーム教授の飜訳にすこし手入れをしたものである。この本の原稿の整理と矯正を助けて下さった崇実大学史学科講師の黄敏湖・韓明根君に感謝の意を表す。

　この本に収められている各章の文は、完全に独立された文であるから、順に読む必要はない。また、日韓協力を強調する部分には、同じ内容と表現が重複されているところもある。この本が日韓関係の改善にすこしでも役に立つことを期待する。

　おわりに、この本の出版を喜んで引き受けて下さった国学資料院の鄭賛鎔社長と編集部の皆様にお礼申し上げる。

2000年 4月 1日
蚕院洞書斎にて
柳　永　烈

목　차

제3장 한국 역사교과서 〈근대편〉의 일본인식

제4장 일본 역사교과서 〈근대편〉의 한국인식
― 정한론에서 한국병합까지 ―

제5장 근대한일관계의 미래지향적 인식

제6장 21세기 한일관계의 새로운 모색

第 2 部　日本語篇

第1章 韓国人は日本をどう見ているのか。

第2章 韓末 愛国啓蒙言論の日本認識

第3章 韓国歴史教科書＜近代篇＞の日本認識

第4章 日本歴史教科書＜近代篇＞の韓国認識

第5章 近代日韓関係の未来志向的認識

第6章 21世紀の日韓関係の新たな摸索

□ 부록

□ 찾아보기 : 한국어 색인/ 247

제 1 부　　한국어편

제1장 한국인은 일본을 어떻게 보고 있는가?

머 리 말

나는 대학시절인 1964년에, 굴욕적인 한일회담에 반대하는 6·3데모를 주동하여, 당시 군사정권에 의하여 내란죄목으로 구속되어, 3개월 동안 형무소 생활을 한 일이 있다. 그 당시 한국 학생들은 반일교육에 의하여, 반일감정이 강하였다.

그 후 나는 일본에 깊은 관심을 가지고, 1976년에는 국사편찬위원회 편사연구관으로서 일본에 건너가, 동경 한국연구원에서 7개월 정도 체류한 일이 있다. 7개월간의 일본 체류는 나의 일본관을 전환시켰다.

또한 1998년에는 「한일 역사교과서의 상대국인식」이라는 테마를 가지고, 일본 명치학원대학(明治學院大學)에서 1년 정도 연구생활을 한 일이 있다. 일본에 대한 나의 결론은, 양국은 숙명적인 이웃나라이며, 양국의 우호협력은 서로를 위하여 대단히 유익하다는 것이다.

한국인이 일본을 어떻게 보고 있는가는 일률적으로 말하기가 어렵다. 그것은 사람에 따라 다르기 때문이다. 한국인 중에는 일본에 관심이 많은 사람도 있고, 전혀 관심이 없는 사람도 있다. 일본에 호감을 가진 사람도 있고, 악감을 가진 사람도 있다.

그런데 한국인들이 일본인에 대하여 가지는 공통적인 관념이 없는 것은 아니다. 그 공통적인 관념을 몇 가지로 나누어 생각해 보기로 한다. 그러나 한국인의 일본에 대한 공통적 관념에는 사실에 기초하지 않은 선입관도 있다.

Ⅰ. 경제대국의 일본

한국인들이 일본을 경제대국으로 보는 데는 이론의 여지가 없다. 일본은 서양 선진 7개국의 일원이며, 미국에 이어 세계 제2위의 경제대국이다. 또한 일본은 제조업 분야에서는 미국을 추월하는 기술 선진국이며, 아시아경제권(經濟圈)의 중심국가이기도 하다.

따라서 한국인들은 일본의 경제발전을 선망하며, 한국의 일본과의 경제적 격차에 대하여 열등감을 가지고 있다. 많은 한국인들은 일본의 경제발전의 요인이 일본인의 근면성이 있다고 보지만, 일부 한국인들은 일본의 경제발전은 한국전쟁의 특수(特需)의 덕(德), 곧 아이러니하게도 한국의 불행의 소산이라고 생각하기도 한다.

또한 한국인들은 일본의 선진 과학기술을 도입하여 경제발전을 이루고자 하는데, 일본은 한국에의 기술 이전에 인색하고, 오히려 한국의 경제성장을 견제하고 있다고 보기도 한다.

그러나 대체로 한국인들은 일본과의 협력하에서 한국의 경제발전을 기대하며, 일본을 경제발전의 모델로 보는 한편, 장차 한국이 경제면에서 일본의 경쟁상대가 되려는 희망을 가지고 있다.

Ⅱ. 정신소국의 일본

과거에 일본인들은 세계 각국 사람들로부터 경제적 동물이라고 불리운 적이 있다. 제2차 대전 패전 이후, 일본인들은 전후 복구의 과정에서, 돈을 벌기 위해서는 무슨 일이라도 한다는 자세를 보였고, 경제발전 이후에도 일본은 이기적으로 경제발전에 매진하고 있는 것처럼 보였기 때문이다.

오늘날에는 아시아를 지원하는 국제연합(國際聯合)의 지원금 중 일본의 부담금이 미국보다 많다고 하여, 일본이 세계 제2위의 경제대국으로서 책임을 충분히 감당하고 있다고 평가되기도 한다. 그러나 일본의 아시아에 대한 지원은 인도적 견지에서가 아니고, 일본이 아시아 지역에의 경제적 진출을 목적으로 하는 것이라는 비판도 있다.

한편 한국인들은 일본이 과거의 잘못에 대하여, 진정으로 반성하고 사죄할 용기가 없는 소국(小國)이라고 보기도 한다. 과거 한일관계가 불편한 관계에 있게 된 것은, 일본의 한국침략과 식민통치에 그 근본 원인이 있다. 그러나 이러한 불편한 관계가 빨리 해소되지 못한 것은, 한국침략과 식민통치에 대한 일본측의 진정한 반성과 사죄의 부족 때문이다. 한국인들은 침략 자체보다 침략에 대한 진정한 반성의 부재(不在)가 한일간의 우호협력에 걸림돌이 되고 있다고 생각하고 있다.

제2차 대전 중 독일은 6백만 명의 유태인을 학살하는 등 일본보다 더욱 잔혹한 행위를 했다. 그러나 독일의 빌리 부란트 수상은 폴란드에 가서 무릎 꿇고 사죄하고, 바이츠체카 대통령은 과거에 대하여 모든 독일인의 책임의 소재를 분명히 하여, 이웃 나라와 신뢰를 회복했다. 한편 일본은 그렇지 못하여 정신소국이라고 비판받고 있다.

또한 일본 학자들은 한국문화의 일본에의 영향을 경시하는 경향이

있다. 일본학자들은 중국문화가 일본에 직접 영향을 준 것은 용인한
다. 그러나 한국문화가 일본에 끼친 영향은 가급적 간접적으로 표현
하거나 과소평가 하려고 한다. 예컨대 그들은 일본에 건너가 많은 영
향을 준 한국인들은 한국인이라고 표현하지 않고 도래인(渡來人)이라
고 한다. 이것도 일본이 정신적 소국으로 비하(卑下)되는 이유의 하
나가 된다.

중국은 소수 민족의 전통문화를 존중한다. 중국 동북지방의 조선
족 자치주(自治州)에 가면, 대부분의 간판이 위에는 한국어로, 밑에는
중국어로 쓰여 있고, 길거리에서 만나는 세 사람 중 두 사람은 한국
어로 통할 수 있다. 마치 그곳이 한국의 어느 지방이라고 착각할 정
도이다. 뿐만 아니라, 다수 민족인 한족(漢族)은 아이를 하나만 가질
수 있도록 제한하고, 소수 민족에게는 2명의 아이를 가질 수 있도록
허용하고 있다. 그것은 소수민족에 대한 우대정책이다.

일본은 어떠한가? 일본은 식민지시대에 한국어 사용을 제한하였다.
그리고 혈연을 존중하는 한국인에게는 절대로 용납할 수 없는 창씨
개명(創氏改名)까지 강요하였다. 그것은 한민족말살정책이었다. 지금
도 재일 한인(韓人)들이 정당한 대우를 받지 못하고 있다. 따라서 일
본의 편협한 이민족정책도 일본이 정신소국으로 인식되는 이유가 되
고 있다.

따라서 한국인들은, 일본은 역시 도국(島國)이고 왜국(倭國)이라 하
여 경멸감을 가지고, 근대 이전의 한국문화에 대하여 우월감을 가지
고 있다.

Ⅲ. 부국빈민의 일본

한국인과 일본인을 비교해 보면 경제감각 있어 불가사의한 점이

있다. 세계 제2위의 경제대국인 일본에는, 스스로 풍부한 생활을 하고 있다고 느끼는 사람이 그렇게 많지 않은 반면에, 일본보다 경제수준이 낮은 한국에는, 스스로 풍부한 생활을 하고 있다고 생각하는 사람이 많은 점이다. 일본 TV 방송도, 일본인의 현재의 풍부한 생활을 보여주는 것보다는, 미래의 풍부한 생활에 대한 꿈을 이야기 하는 것이 많다.

잘 산다고 하는 것은 무엇인가? 전통적으로 한국인들이 잘 산다고 하는 것은 의식주(衣食住) 생활의 풍부함을 의미한다.

일본의 대도시를 단기간 여행한 한국인들, 그리고 그들의 이야기를 들은 한국인들은, "일본은 한국보다 부자 나라이지만, 일본인들은 한국인들보다 가난하게 산다"고 판단하는 경우가 많다. 그것은 일본 국민의 검소한 성격에 기인하는 것일가? 아니면 일본인들이 빈곤한 때문일까?

표면적으로 일본 대도시의 경우를 보면, 공공건물은 대규모이지만, 아파트와 개인주택 등 가정생활의 공간은 매우 좁게 느껴진다. 동경(東京)의 경우 25평의 아파트는 중형으로 볼 수 있는데, 서울의 경우에는 30평에서 40평 정도가 중형으로 분류된다. 서울에서는 50평이라야 대형 아파트로 불려진다. 주택에 사는 일반 봉급생활자도 동경 사람보다 서울 사람들이 더 넓은 공간에서 사는 것으로 느껴진다.

그리고 한국인들이 일본을 여행할 때, 일반적인 일본 식당의 식탁이 너무 간소하다고 느껴진다. 일본의 일반 가정에 초대 받은 경우의 식탁도 한국보다는 간소하다고 느껴진다. 한국의 식당이나 가정에 초대된 경우의 식탁은 차고 넘친다. 부끄러운 일이지만, 한국의 음식 쓰레기가 세계에서 가장 많이 나온다고 한다. 어떻든 한국인들은 적어도 식생활에 있어서는 일본인들보다 풍부하다고 생각하고 있다. 한국인들은 수입에 비하여 지나치게 먹고 지나치게 마시는 것이 사실이다. 역사적으로 빈곤한 생활을 해온 한국인들은 먹는 것에 관심이

깊다. 과거 한국인 사이에는 "식사하셨습니까?" 하는 인사가 있을 정
도였다.

일본 동경의 긴자(銀座)나 신쥬쿠(新宿)에 가면, 사치스런 옷치장을
한 멋진 여성들을 많이 볼 수 있다. 그러나 일반적으로 일본인들의
옷차림은 검소하다. 거기에 비하여 한국인들, 특히 여성의 사치한 복
장은 한국인의 눈에도 도(度)가 지나치다고 생각된다. 한국인들은 체
면을 중요시하고, 외모로서 사람을 평가하는 경향이 많기 때문에, 분
수는 넘는 옷치장을 하게 된다고 본다.

일본인들의 검소와 한국인들의 사치, 그것이 사실이라면, 그것은
양국의 전통적인 관습과 관계가 있으리라고 생각된다. 인간에게는 의
식주 생활 이외에 삶의 질이 중요하다고 생각된다. 그러나 한국인들
은, 외면적으로 보이는 한국인의 풍부한 생활과 일본인들의 검소한
생활을 보고, "일본은 국가는 부유하나 국민은 가난하고, 한국은 국
가는 가난하나 국민은 부유하다"고 생각하는 경향이 있다. 그리고 한
국인들은, 피상적인 개인 생활의 풍요로써 (그것이 사실이건 아니건),
일본에 대한 경제적 면에서의 국가적 열등감을 해소하려는 의식을
가지고 있다.

IV. 청결친절의 일본

나는 1976년에 처음으로 일본에 가서, 7개월간 연구기관에 체류한
적이 있다. 그 당시 나는 넓은 거리에서 좁은 골목에 이르기까지, 도
시에서 산간에 이르기까지 깨끗하게 정돈된 일본의 모습에 호감을
갖게 되었다. 그리고 어느 약국에서 스킨로션과 밀크로션을 사려고
했을 때, 주인이 여름에 밀크로션은 필요 없으니 스킨료션만 사라는
말에 감명을 받았다. 또한 몇 년전에 일본을 방문했을 때, 게이오대

학(大學) 앞 식당에서 800엔짜리 점심식사를 주문했을 때, 점심시간에는 600엔짜리 스페셜이 그것과 같으니 600엔짜리를 주문하라는 말을 듣고 신선한 충격을 받았다.

그리고 나는 얼마 전『조선일보』의「교양이 있는 세계인이 되는 길」이라는 칼럼에서, 어느 한국인이 일본에서 자동차 운전을 하는 도중에, 기름이 떨어져 난감했을 때, 어느 일본인 노부부의 헌신적인 도움을 받고 나서, 일본인에 대한 나쁜 감정을 버리게 되었다는 기사를 읽은 적이 있다. 1988년, 1년 동안 일본에서 연구휴가를 보내고 있을 때, 일본에 자주 왕래한 아내가 "일본 사람들은 외국인에게만 친절한 것이 아니고, 자기네들끼리도 아주 친절히 하는 것 같다"고 하는 말을 듣고, "나도 그렇게 생각한다"고 대답한 적이 있다.

청결과 친절, 그것은 일본인의 대명사처럼 되었다. 일본에 좋지 않은 감정을 가진 많은 한국 사람들이, 일본인의 청결과 친절에 의하여 일본관을 바꾼 사람이 적지 않다. 한국인들이 일본으로부터 배워야 할 점이 많지만, 그 중에서도 청결과 친절은 꼭 본받을 점이라고 생각한다.

Ⅴ. 경계대상의 일본

일본 국민을 어떻게 보아야 할 것인가? 일제 식민지시대를 경험한 사람들은 흔히 일본인들이 잔혹하다고 생각한다. 그러나 일본인들의 친절과 부드러운 몸가짐을 보면, 일본 국민이 잔혹하다고만 말하기는 어렵다.

나는 일본 국민을 양(羊)과 같다고 생각한다. 일본인들은 우직하고 양처럼 온순하다. 그들은 혼자서는 불안을 느끼며, 항상 평화롭게 무리 생활을 하는 양과 같다. 그런데 온순한 양들이 뭔가 위험을 느끼고, 앞선 양이 질주하면 모든 양들은 앞의 양만을 따라서 질주한다. 저돌적으로 돌진하는 양떼들은 대단히 위협적이고 막기가 힘들다.

한편, 한국인들은 일본의 정치지도자들을 여우처럼 교활하다고 생각한다. 일본 정치지도자들은 그들의 정치적 목적을 위하여, 우익과 연대하여, 일본이 위험 상태에 있는 것처럼 국민들을 선동한다. 온순하고 말 잘 듣는 일본 국민들이 우익성향의 정치지도자들의 말을 따른다면, 일본이 어디로 갈 것인가? 그것은 신군국주의(新軍國主義)의 길이라고 한국인들은 우려하고 있다.

1998년 8월 초순, 일본 국회는 국기·국가(國歌)법을 제정하였다. 8월 15일에 일본의 우익단체는 침략전쟁의 A급 전범자들의 위패를 안치한 야스쿠니신사(靖國神社)에서 과거 일본 군국주의를 연상케 하는 대형의 「욱일승천기(旭日昇天旗)」를 들고 전몰장병 추도식을 가졌다.

많은 한국인들은, 종전 이후 50년 이상 일본이 국기와 국가도 없이 지내왔다는 것을 이상하게 생각해 왔다. 순수하게 보면, 이번 일본 국회의 국기·국가법의 제정은 너무 당연한 것이다. 그런데 문제는 어떠한 국기와 국가인가에 있다. 「일장기」와 「키미가요」는 일본 제국주의의 상징이고, 주변국가에 대한 침략의 상징이었다.

생각해 보면, 일본 정치지도자들이 국기·국가의 제정을 늦추어 온 이유는 간단하다. 그들은 「일장기」와 「키미가요」 이외의 국기·국가를 생각할 수 없었고, 「일장기」와 「키미가요」를 국기·국가로 정하기 위하여 시기를 엿보았던 것이다. 그러다가, 오늘날에 일본의 국력에 힘입어 그 목표를 달성하게 된 것이다. 그러므로 한국을 비롯한 일본 주변국가는, 일본의 국기·국가의 제정이 일본 군국주의의 부활이 아닌가 하고 우려하는 것이다.

에도·토쿄(江戶·東京)박물관에 가면, 세계 제2차 대전 당시 미국에 의한 동경대공습의 비참한 장면을 비디오로 볼 수 있다. 이 비디오를 보고 있으면, 일본이 제2차 대전의 피해국처럼 느껴진다. 그리

고 의문나는 것은 이같은 비참한 공습이 일어난 원인이 어디에 있었
는가를 왜 밝히지 않고 있는가 하는 점이다. 그리고 매년 8월이 되
면, 히로시마(廣島)에서 원폭(原爆) 피해자들에 대한 추도식과 평화를
기원하는 모임이 열린다. 1999년에는 원폭 피해자들의 시(詩)를 낭송
하는 모임에 일본과 미국에서 열렸다. 그러나 역시 원폭이 투하된 원
인에 대해서는 아무런 언급이 없었다.

　말할 수 없는 원폭의 참상으로부터 평화운동을 전개하는 것은 너
무도 당연한 일이다. 그러나 외국인 특히 일본 침략의 피해자였던 한
국인의 입장에서 보면, 일본이 동경대공습과 히로시마 원폭의 피해만
을 부각시킬 것이 아니고, 그 참상의 원인이 일본 제국주의의 침략전
쟁에 있었음을 일본과 세계 사람들에게 알리고, 다시는 일본이 침략
전쟁을 일으키지 않겠다는 결의를 보이는 것이 진정한 평화추구의
자세가 아닌가 생각된다.

　그런데 최근에 일본의 정치지도자들은 과거의 침략전쟁에 대하여
반성하기보다는, 일본의 전쟁피해 상황을 부각시키고, 대동아전쟁은
침략전쟁이 아니었고, 동아시아의 해방을 위한 전쟁이었다고 주장한
다. 이러한 자세는 일본 주변국가로 하여금 일본이 다시 군국주의로
나아가는 것이 아닌가 하는 의심을 품게 한다.

맺음말

　한국과 일본은 지리적으로 가까운 나라이다. 역사적으로 문화적으
로도 가까운 나라이다. 한국인들은, 고대로부터 근세에 이르기까지
한국이 일본에 새로운 문화를 전해주었는데, 일본은 한국에 침략으로
보답했다고 하여, 일본을 배은망덕(背恩忘德)한 나라로 생각한다. 그
리고 일본 내의 식민통치 은혜론과 일본의 한국 식민통치에 대한 형

식적인 사죄에 불만의 감정을 가지고 있다. 그래서 한국과 일본은 감정적으로 먼 나라이다.

그러나 국가간의 협력이 강조되고, 특히 지역간의 협력이 강조되는 오늘날, 그리고 2002년 월드컵 축구를 공동 주최하는 한국과 일본의 우호협력은 어느 때보다 절실하게 느껴진다. 곧 한국과 일본은 「가깝고도 먼 나라」에서 「가깝고도 가까운 나라」가 되는 것이 절실하게 필요하다. 그렇게 되기 위해서는 양국민이 보다 빈번하게 교류하고 상호 이해하는 것이 중요하다.

특히 "맺은자가 풀어야 한다(結者解之)"는 말이 있듯이 과거에 가해국이었던 일본의 자세가 중요하다. 곧 일본이 과거에 대하여 빈번하게 사죄하는 것이 중요한 것이 아니고, 중요한 것은 과거의 침략행위가 이웃 나라에도 일본에도 나쁜 일이었다는 의식을 일본 국민이 가지는 것이다. 그리하여 일본이 반침략 평화주의 노선을 전세계에 선포하고 이웃 나라와 신뢰를 회복하는 것이 미래지향적인 사고일 것이다.

과거는 한 쪽이 이기면 다른 쪽이 지게되는 win-lose의 시대였으나, 현대는 양쪽이 이기거나 양쪽이 지게되는 win-win, lose-lose의 시대이다. 우리는 21세기를 향하여, 한일양국이 win-win의 파트너, 공동승리의 동반자가 되기를 기대한다.

제2장 한말 애국계몽언론의 일본인식

머 리 말

일본은 1854년의 문호개방과 1868년의 명치유신(明治維新)을 계기로 과감한 서구화·근대화정책을 성공적으로 추진시켜 국력을 배양하고, 서구의 제국주의적 침략정책을 답습하여 한반도와 만주를 향한 대륙진출정책을 추진했다. 일본은 1894~1895년의 청일전쟁에서 승리하여 요동반도 할양과 한반도 지배권을 얻었으나, 러시아 등의 삼국 간섭에 의하여 한반도에서 일시 후퇴하게 되었다.

그러나 일본은 1900년 청국의 의화단사건(義和團事件)과 러시아의 만주점령을 계기로 대륙진출정책을 강화하여, 1904~1905년의 러일전쟁을 승리로 이끌어 한반도 지배의 발판을 마련하게 되었다. 일본은 러일전쟁을 계기로 한반도를 군사적으로 점령한 가운데, 한 편으로는 '동양삼국연대론'과 '동양평화론'을 내세우면서, 다른 편으로는 을사 조약과 합방조약을 강요하여 대한제국을 보호국으로 삼고 나아가 식민지로 만들었다.

이 글은 일제의 침략과 한민족의 저항으로 점철된 1900년대 대한
제국 말기를 러일전쟁 전후기·을사조약 전후기·정미조약 전후기·
이토 히로부미(伊藤博文)피살 전후기의 네 시기로 나누고, 당시의 애
국계몽언론인 『황성신문』과 『대한매일신보』의 일본에 대한 인식을
살펴보고자 한다. 특히 위의 두 신문의 일본에 대한 인식의 차이점이
어느 정도 있는가? 이들이 주장하는 동양평화론의 의도는 무엇인가?
이들의 주장이 제국주의의 본질을 어느 정도 이해한 바탕에서 나왔
는가? 하는 점에 유의할 것이다.

I. 러일전쟁(1904) 전후기의 일본인식

1900년을 전후하여 일본인들은 일본과 러시아와의 대결을 동양과
서양의 대결, 또는 황인종과 백인종의 대결로 부각시키고, 동양 황인
종이 연대하여 서양 백인종의 세력을 막아 동양평화를 유지해야 한
다는 '동양삼국연대론' 또는 '동양평화론'을 크게 선전했다. 한편 일
본정부는 1903년 12월 30일에 의결한 대한방침(對韓方針)에서, 한국
을 '실력으로' 그리고 '가능한 한 명의가 바른 방법으로' 일본의 지
배하에 둘 것을 결정했으며, 러일개전 이후 1904년 5월 14일에 의결
한 「대한방침」에서는 적당한 시기에 한국을 일본의 '보호국'으로 하
든지 또는 일본에 '병합'할 것을 결정했다.[1] 이러한 방침에 따라 일
본은 1904년 2월 8일 러일전쟁 도발 즉시 4개 대대의 '한국임시파견
대'로 서울을 점령했으며, 한일의정서(韓日議定書)를 강요하여 표면적

---

1) 董德模, 「韓國과 20世紀 初의 國際關係」, 『한국사』 19 (국사편찬위원회, 1976),
   pp. 27-28 참조.

으로는 대한제국의 독립과 영토보전을 약속하면서, 한국의 시정개선에 대한 충고권과 한국 내에서의 군사작전권을 탈취해 갔다.[2] 이어서 일본은 3월에 '한국임시파견대'를 6개 대대가 넘는 '한국주차군'으로 확대 개편하고, 9월까지 한국주차군을 2개 사단으로 증원 배치하여 사실상 한국을 군사적으로 점령했다.[3] 이러한 러일전쟁 전후시기에 『황성신문』과 『대한매일신보』가 일본을 어떻게 인식했던가를 살펴보기로 한다.

(1) 러일전쟁 전후기 『황성신문』의 일본인식

한말의 애국계몽지인 『황성신문』은 1900년 청국의 '의화단의 난'은 '동양의 화근'으로 청국이 폐허가 되면 황색인종이 위태롭다[4]는 생각에서, 백인종인 러시아의 남하정책(南下政策)으로 인한 황인종 국가의 공동위기 의식을 느끼고 인종주의적인 방아(防俄)논리를 폈다. 또한 이 『신문』은 열강의 청국에 대한 욕망으로 인하여, "한국도 위기에 처해 있으며, 특히 일본의 식민정책에 경계해야 한다"[5]고 하여, 만주와 한반도를 향한 러시아의 남하정책 뿐만 아니라, 일본의 대륙진출정책에도 경계의식을 표출했다.

그러므로 『황성신문』은 청국의 의화단사건을 계기로 한 러시아의 만주출병과, 이에 대응하는 일본의 대륙진출정책에 주목하고, 동양삼국의 '순치의 형세(脣齒之勢)'[6]와 일본이 주장하는 동양평화론을 근

---

2) 尹炳奭,「日帝의 韓國主權 侵奪過程」,『한국사』19 (국사편찬위원회, 1976) pp. 115-116 ; 白鍾基,『韓國近代史硏究』(박영사, 1981) pp. 346-347 참조.
3) 白鍾基, 위의 책, pp. 347-348 ; 尹炳奭, 위의 논문, pp. 115-119 참조.
4)『皇城新聞』1900년 6월 23일자「答疎齋先生書」참조.
5)『皇城新聞』1900년 8월 8일자「韓淸危機」.
6) 순치의 형세(脣齒之勢)는 脣亡齒寒의 형세 곧 입술이 없으면 이빨이 시리는

거로 내세워, "한국은 일본세력하에, 만주는 러시아의 보호하에 두
자"는 일본과 러시아간의 소위 '한만교환론(韓滿交換論)'을 비판했
다.7) 『황성신문』은 일본과 러시아로부터 한국의 독립보장을 위한 논
리로서 '동양삼국순치론(脣齒論)'과 '동양평화론'을 활용했던 것이다.

    『황성신문』은 1900년대 초기에 일본과 일본인에 대하여, ① 일본
인의 자유로운 한국이민은 한국의 광업·농업·상업적 이익을 취하
려는데 있고,8) ② 일본 제일은행권의 한국내 유통은 한국의 재정을
일본에 양여하는 것이며,9) ③ 일본의 한국경영은 농업·광산·어
염·산림·제조업·무역업 등의 제반 이익을 도모하기 위한 것이
라10)고 하여, 이미 러일전쟁 이전에 일본의 한국에 대한 각종 이권
탈취와 경제적 침탈에 비판적인 시각을 가졌다.

    그러나 『황성신문』은 러일개전을 전후하여,

        만주를 잃으면, 우리나라와 중국이 위험하고, 러시아 세력이 반드
    시 동양에 퍼질 것이며, 일본의 존망도 이에 달려 있다. 그러므로 일
    본은 부득불 싸우지 않을 수 없다.11)

고 하여, 일본의 러일전쟁 개전은 만주와 한반도 그리고 일본 스스로
를 지키려는 방어전의 성격을 가진 것으로 인식했다. 또한 이 『신문』

    것처럼, 가까운 사이의 한 편이 망하면 다른 편도 온전하기가 어려운 형세를
    말함.
 7) 『皇城新聞』 1901년 8월 28일자 「卞滿韓交換說」 ; 1903년 6월 30일자 「辨日俄
    密約成立之說」 참조.
 8) 『皇城新聞』 1901년 12월 23일자 「論日本政府移民法改正」 ; 1902년 1월 28·
    29일자 「辨朝鮮新報辨妄之謬」 참조.
 9) 『皇城新聞』 1903년 2월 17일자 「警告政府」 ; 1903년 3월 2일·4일자 「辨朝鮮
    新報銀行券性質」 참조.
10) 『皇城新聞』 1903년 4월 11일자 「辨朝鮮新報銀行券性質」 참조.
11) 『皇城新聞』 1903년 10월 1일자 「日不得不戰」 ; 10월 2일자 「答客問」 참조.

은, 러시아는 만주를 병탄하고 북한을 할양하여 동양 전체를 자기 판
도에 넣고자 하고, 비록 자국의 이익을 옹호하고 동양의 패권을 잡으
려 하지만, 한국과 청국의 영토보전을 위하여 러시아에 개전한 것이
므로, '우리를 돕는 자' 일본을 친히 하고 '우리를 침략하는 자' 러시
아를 멀리 하는 것이 당연하다고 주장했다.12) 이처럼 『황성신문』은
러일 양국의 팽창주의를 알고 있으면서도, 러시아에 비교하여 상대적
으로 일본선호의식을 보였다. 그러므로 『황성신문』은 한일의정서 체
결에 대하여, 일본이 명분은 한국독립을 내세우고 있으나, 보호국의
실례를 따르고 있다고 비판하면서도,13) 러일강화조약의 체결에 대하
여는, 결과적으로 러일전쟁은 한국과 청국의 독립을 공고히 하고 영
토를 보전케 했다고 긍정적으로 평가했다.14)

　이상과 같이 『황성신문』은 러일전쟁 전후기의 일본의 한국경영이
일본에는 유익하나 한국에는 무익하다고 인식하고, 일본의 대륙진출
정책에 경계의식을 가지면서도, 러시아의 만주진출에 대해서는 한·
청·일 삼국의 연대에 의한 방아(防俄)의 논리를 폈으며, '동양삼국순
치론'과 '동양평화론'에 근거하여 한국독립보장의 논리를 폈다. 『황성
신문』은 러일전쟁에는 일본이 동양의 패권을 장악하려는 침략적인
의도와 한·청 영토에 대한 러시아의 침략을 견제하려는 의도가 있
다고 인식했으나, 경계의 대상인 러·일 양국 중에서 한국의 영토보
전을 공약한 일본에 대한 '상대적 선호의식'을 표출했다.

---

12) 『皇城新聞』 1904년 2월 20일자 「警告諸公」 참조.

13) 『皇城新聞』 1904년 2월 23일자 「辨風說之妄」; 3월 1일자 「論韓日協商條約」
　　참조.

14) 『皇城新聞』 1905년 9월 9일자 「賀日俄講和의 速成」; 1905년 10월 2일자 「論
　　日俄講和의 速成原因과 日本輿論의 失望」 참조.

(2) 러일전쟁 전후기 『대한매일신보』의 일본인식

『대한매일신보』는 러일개전 이후 영국인 베델(Ernest T. Bethell)의
명의로 발행되어, 비교적 언론의 자유를 누렸던 한말의 대표적 항일
신문이었다. 『대한매일신보』는 러일개전 이후 일본이 한국 정부를 병
력으로 위협하여 인사·행정 등 한국의 내정에 간섭하고,15) 한국의
광산·어업·농업 분야에 대한 경제적 침탈을 자행하며,16) 특히 황
무지개간권을 요구하여 한국의 독립을 위협한다17)고 비판했다. 또한
이 『신보』는 일본의 한국에서의 행위가 "잔악무도하고 술취하고 미
친 것 같아" 일본의 한국 진보를 위한 후원은 믿을 수 없으며,18) 일
본의 한국 시정개선은 허명무실할 뿐만 아니라, 일본의 개혁안은 한
국을 일본에 넘겨주는 것이라고 강도 높게 비판했다.19) 이처럼 『대
한매일신보』는 일본의 한국침탈 행위에 대하여 『황성신문』보다 강경
한 비판의 논조를 폈다.
　　그러나 『대한매일신보』는 일본의 한국 내에서의 강제적 이권탈취
를 비판하면서도,

　　　　일본에 반대하는 나라는 오직 아라사(러시아)인데, 이 나라 사람들

---

15) 『大韓每日申報』 1904년 9월 2일·6일·7일자 「한국에 일본 위력이라」 참조.
16) 『大韓每日申報』 1904년 9월 14일자 「영국과 일본을 비교함이라」 참조.
17) 『大韓每日申報』 1904년 8월 9일자 「명예를 유지함이라」 참조. 당시의 대표
　　적 개화지식인 尹致昊도 "황무지개간권 요구는 이제까지 한국에서 자행한
　　교활한 일본인들의 가장 파렴치하고 극악무도한 면이다. 그것은 이름만 빼고
　　는 倂合이다"고 비판했다(『尹致昊日記』 1904년 6월 8일조 참조).
18) 『大韓每日申報』 1904년 12월 3일자 「일본서 붕우에게 하는 일」 참조.
19) 『大韓每日申報』 1905년 2월 2일자 「한국의 희망」 ; 2월 14일자 「한국의 일
　　년개량」 ; 3월 5일자 「한국의 행정」 참조.

의 행위는 한국 백성들에게 더욱 심하여, 저희의 뜻하는 바 무슨 이
익만 있으면 한국의 안위(安危)는 불고(不顧)한다.[20]

고 하여, 한국에 있어서 러시아가 일본보다 더 악랄한 존재라고 인식
했다. 『대한매일신보』도 『황성신문』처럼 러시아보다는 일본이 낫다는
일본에 대한 상대적 선호의식을 가진 것이다.

『대한매일신보』는 한국인들의 불신과 증오로 일본이 한국을 개혁
하기는 어려울 것이라 하고,

> 수년 전에 일본이 승전(勝戰)하여 한국을 독립시켰다 하는 것은,
> 지금와서는 한국을 독립시킨 것이 아니라, 일본이 한국을 청국으로
> 부터 떨어지게 하여, 저희가 그 전 청국이 한국에 대하던 권리를 차
> 지하려고 하는 줄로 생각하니, 그렇게 믿을 이유가 많이 있는지라.[21]

라고 하여, 청일전쟁을 일본이 한국에서 청국이 가졌던 권리를 빼앗
기 위한 전쟁으로 파악했다. 그리고 이 『신보』는 일본의 러일개전의
목적은 "첫째로 한국을 얻을 경륜" 곧 '한국의 장악'에 있다고 하
여,[22] 일본의 지속적인 한국침략정책을 간파하고 있었다. 그러므로
『대한매일신보』는 일본이 한국침략정책을 중단하고, 러일전쟁 후에
일본인들이 한국에서 철수하여, '약조(約條)대로' 한국의 독립과 강토
를 보전하라고 거듭 권고했다.[23]

이상과 같이 러일전쟁 전후기에, 『대한매일신보』는 일본의 청일전
쟁 개전 목적은 한국에서 청국이 차지했던 권익을 탈취하기 위한 것

---

20) 『大韓每日申報』 1904년 9월 2일・6일・7일자 「한국에 일본 위력이라」 참조.
21) 『大韓每日申報』 1904년 12월 31일자 「한국에 고문관」 참조.
22) 『大韓每日申報』 1904년 11월 17일자 「한국의 내두형편」 참조.
23) 『大韓每日申報』 1904년 8월 9일자 「명예를 유지함이라」 ; 1905년 1월 10일
   자 「전쟁의 끝난 후」 ; 9월 17일자 「韓國地位」 참조.

이고, 일본의 러일전쟁 개선 목적은 한국과 만주를 장악하기 위한 것이었음을 정확히 간파했으며, 러일개전 이후 한국의 시정개선을 빙자한 일본의 각종 이권탈취와 내정간섭을 비판했다. 이 시기에『대한매일신보』는 한국독립보장에 대한 '약조'에 근거하여 한국침략정책의 중단을 일본에 권고했으나,『황성신문』처럼 러시아에 비교하여 '상대적 일본선호의식'을 보였다.

요컨대 러일전쟁 전후기에 있어서, 한국의 애국계몽언론들은 일본의 내정간섭과 경제침탈 및 시정개선에 비판을 가했고, 러일전쟁이 러일 양국의 한국과 만주를 장악하기 위한 침략전쟁임을 잘 알고 있었으나, 당시 러일관계 속에서 일본에 대한 상대적 선호의식을 보여주었다.24)『대한매일신보』는 일본의 한국독립에 대한 '약조'에 근거하여,『황성신문』은 '동양삼국순치론'과 '동양평화론'에 근거하여 한국독립보장의 논리를 폈다. 이러한 동양평화론은 러시아의 침략을 막으려는 인종적 차원의 '방아(防俄)논리'였는데, 점차로 국가적 차원에서 일본의 한국국권침탈을 막으려는 '방일(防日)논리'로 변용되어 갔다. 당시 한국 개화지식인들의 '방아적' 동양평화론에는 아관파천(俄館播遷) 이후 러시아의 한국 자주국권 유린과 독립협회운동 탄압에 대한 '반러의식'이 반영된 것으로 보인다.25)

24) 당시의 대표적 개화지식인 尹致昊도 "가장 비열한 일본인도 보드카를 마시는 正敎徒 러시아인에 비하면 신사요 학자일 것이다"고 하여 일본에 대한 상대적 선호의식을 보여주었다(『尹致昊日記』1902년 5월 7일조 참조).
25) 독립협회의 회장을 역임한 尹致昊도 당시에 韓·淸·日 삼국이 극동을 황인종의 영원한 보금자리로 지키기 위하여 공동의 目標와 政策과 理想을 가져야 한다고 하여 일종의 黃人種團合論과 東洋三國連帶論을 주장했다(『尹致昊日記』1902년 5월 7일조 참조).

Ⅱ. 을사조약(1905) 전후기의 일본인식

일본은 1905년 7월 태프트·카쓰라(桂太郞)밀약을 맺어 미국의 필리핀 지배를 인정해 주는 대신 일본의 한반도 지배를 인정받았고, 8월에는 제2차 영일동맹을 맺어 영국의 인도에 대한 특별한 이익을 보장해 주는 대신, 일본의 한국에 있어서 정치·군사·경제상의 탁월한 권리와 한국에 대한 지도·보호·감리의 권리를 인정받았다.26) 나아가 일본은 9월에 러일전쟁의 패전국인 러시아와도 포츠머즈강화조약을 맺어, 일본의 한국에 대한 지도·보호·감리의 권리를 인정받고 한국보호국화를 서둘렀다. 일본정부는 9월 27일 "한국의 외교권을 일본의 수중에 넣을 것"을 골자로 하는 보호조약 체결 계획안을 결정하고, 이 계획안에 의거하여 주한 일본공사 하야시(林權助)와 특파대사 이토(伊藤博文) 및 한국주차군 사령관 하세카와(長谷川好道) 3인이 협동하여, 군대로서 한국 궁궐을 포위하고 회유와 위협으로 11월 17일에 이른바 을사보호조약을 강제로 체결했다.27) 이로써 한국은 외교권을 빼앗기고 일본의 보호국이 되었으며, 영국·미국·프랑스·독일·러시아 등 열강은 한국에서 공사관을 철수시켜 일본의 한국보호국화를 사실상 승인했다. 이러한 을사조약 전후기에 『황성신문』과 『대한매일신보』는 일본을 어떻게 인식했던가를 살펴보기로 한다.

---

26) 尹炳奭, 앞의 논문, pp. 136-137 ; 董德模, 위의 논문, p. 36 참조.
27) 金龍德, 「大韓帝國의 終末」『한국사』19 (국사편찬위원회, 1976) pp. 178-182
   ; 尹炳奭, 앞의 논문, pp. 139-148 참조.

(1) 을사조약 전후기 『황성신문』의 일본인식

『황성신문』은 러일전쟁 이후 일본의 한국에서의 내장간섭과 이권
탈취를 비판하고, 러일개전이 일본의 동양패권을 위한 것이라고 보았
지만, 결과적으로 러일전쟁은 일본이 러시아의 남침으로부터 "한청
양국의 독립영토를 부식공고(扶植鞏固)코자 하여 일대의기(一大義旗)
를" 일으킨 일종의 '의전(義戰)'이라고 인식하기도 했다.[28] 그러나 을
사조약이 임박했을 때, 이 『신문』은, 일본에의 한국외교권 양도 풍설
에 대하여,

> 외교 단절의 날은 곧 무국(無國)의 날이오, 설혹 타인에 위탁하여
> 외교권으로 외국에 양여하더라도 곧 망국(亡國)은 일반이다.[29]

고 하여, 각국과의 외교단절이나 일본에의 외교권 양도를 망국으로
간주하고, 동양평화와 황인종을 위한 일본의 소위 '의전론(義戰論)'의
허구성을 깨닫게 되었다. 그러므로 『황성신문』은 을사조약이 체결되
자, 「시일야방성대곡(是日也放聲大哭)」이란 사설을 통하여 이토와 정
부대신들을 통박했다가 3개월 동안 정간당했는데, 그 요지는 다음과
같다.

> 평소 동양삼국의 정족안녕(鼎足安寧)[30]을 솔선 주선하던 이등박문

---

28) 『皇城新聞』 1905년 10월 2일자 「論日俄講和의 速成과 日本與論의 失望」 참조.
29) 『皇城新聞』 1905년 10월 5일자 「辨日代外交之風說」.
30) 동양삼국의 鼎足安寧이란 韓·淸·日 삼국이 솥발처럼 셋이 맞섬으로써 이
    루는 평안을 말함.

(伊藤博文)이 천만 꿈밖에 어찌 5조약을 내놓았는가. 이 조건은 우리 한국뿐 아니라 동양삼국을 분열하는 조짐인즉, 이등(伊藤)의 원초(原初) 주의(主義)는 어디에 있는고. …… 저 개 돼지만도 못한 우리 정부대신들은 일신의 영달을 위하여, 황제폐하와 2천만 동포를 배반하고 4천년 강토를 외인(外人)에게 넘겨 주었도다. 슬프다 우리 2천만 노예된 동포여 살아야 할거나 죽어야 할거나.[31]

곧 『황성신문』은 을사조약 체결을 일본이 동양삼국의 정족평화(鼎足平和)를 외면하여 동양삼국을 분열시키는 행위로, 한국이 4천년 강토를 일본에 양도하는 행위로 인식하고, 일제가 주장해 온 '동양평화론'을 논거로 하여 일제의 한국지배야욕을 비판했다. 또한 이 『신문』은 이토의 통감 부임에 대하여, "시모노세키조약과 러일개전 당시 한국의 독립보장을 약속한 일본이 방침을 일변하여, 지난날 한국독립의 주창자를 이제 통감으로 내주(來駐)케 하니, 어찌 다시 믿을 수 있겠는가"라고 하여, 일본의 한국독립 보장 약속에 대한 강한 불신감을 표명했다.[32]

한편 『황성신문』은 "금일의 세계 평화는 동양에서 시작되며, 동양의 최강국에서 시작된다"고 하고, '동양의 최강국'인 일본이 문명국으로서 '신의와 이치'에 어긋나지 않게 이웃 나라를 문명으로 계도할 것을 권고했다.[33] 또한 이 『신문』은 과거 10년 동안 일본은 '한국독립의 보증'과 '한국강토의 보전'을 약속해온 사실을 상기시키고, "화목한 이웃의 일본으로서 어찌 강함을 믿고 약자를 모멸하여 순치보거(脣齒輔車)[34]의 형세를 망각하며, 문명인도(文明人道)의 일본으로서

---

31) 『皇城新聞』 1905년 11월 20일자 「是日也放聲大哭」 참조.
32) 『皇城新聞』 1906년 9월 19일자 「告伊藤統監侯閣下」 ; 1906년 9월 25일자 「辨政府廢止風說」.
33) 『皇城新聞』 1906년 10월 25일·26일자 「世界平和가 在東洋」 참조.
34) 순치보거(脣齒輔車)란 입술이 없으면 이가 시리듯이, 그리고 수레의 덧방나

어찌 신의를 무시하고 난폭무리한 행동을 본받겠는가"라고 하여, 일
본의 한국에 대한 지배야욕의 자제를 권고하고, '한일화협(韓日和協)'
을 통한 동양의 안보를 역설하기도 했다.[35)

　이상과 같이 『황성신문』은 을사조약을 계기로 일본의 '러일전쟁
의전론(義戰論)'과 '동양평화론'의 기만성 그리고 일본의 한국지배 야
욕을 분명히 간파했으며, 이토 통감의 부임을 한국독립 보장에 대한
약속의 파기로 간주하고, 일본에 강한 불신감을 가졌다. 또한『황성
신문』은 을사조약의 체결을 동양삼국의 분열 행위, 한국강토의 양도
행위라고 주장하고, 한일 양국의 '순치보거'의 긴밀한 관계를 들어
한일협력과 '동양정족평화론'을 강조하며, 일본의 한국지배 야욕을
저지하려는 논리를 폈다.

(2) 을사조약 전후기 『대한매일신보』의 일본인식

　『대한매일신보』는 을사조약 체결 이후에 일본이 을사조약을 위반
하여 한국내정에 간섭하고,[36) 일본 고문관들은 한국정치를 개악(改
惡)하고 있으며,[37) 철도부설·우편전신·재정정책·광산 등 모든 경
제시책은 일본인의 이권추구로 귀결된다고 비판하고,[38) 특히 7백만
명에 달하는 일본인의 한국이주 계획에 강력한 반대 주장을 폈다.[39)
이 『신보』는 결국 통감정치란 '정복자의 위치에 선 정치'이고, 이토

　무와 바퀴처럼 서로 없어서는 안될 밀접한 관계를 말함.
35)『皇城新聞』 1907년 4월 15일자「辨風說無據」참조.
36)『大韓每日申報』 1906년 2월 6일자「事之卒變」참조.
37)『大韓每日申報』 1905년 11월 28일자「顧問義務」참조.
38)『大韓每日申報』 1906년 2월 17일자「更論均商」참조.
39)『大韓每日申報』 1906년 9월 13일자「移民禍因」; 9월 19일자「日本移民」;
　　10월 7일·9일자「移民於韓國」참조.

의 소위 시정개선(施政改善)은 이권탈취를 위한 것에 불과하다고 비판했다.[40] 그리고 『대한매일신보』는 일본인의 한국황제 감금과, 탁지·세관의 장악, 그리고 재산 증식 등을 비판하면서,

　　영국 정부가 일본의 지위에 있었더라도 이와 같지는 않았을 것이다.[41] 러시아가 일본과 같이 한국을 취득했더라도 수만의 하등(下等) 러시아인이 이 나라 전국에 가득차, 국가의 각종 재원을 약취(掠取)하며 민간의 각종 토지 이익을 박탈하였겠느뇨.[42]

라고 하여, 일본은 러시아도 할 수 없는 약탈적 경제침탈을 자행하고 있다고 비판했다. 이제까지 러시아에 비교하여 일본에 상대적 선호의식을 가졌던 『대한매일신보』가 이제 영국은 물론 러시아보다도 일본이 더 악랄하다고 하는 인식의 전환이 주목된다.

　그러나 『대한매일신보』는 일본의 한국에 대한 정책에 주목하여, 일본내에는 한국을 패전국으로 간주하는 '무관당파(武官派)'와 명목상 한국의 독립을 인정하되 실질적으로 지휘코자 하는 '자유당파(文官派)' 그리고 한국에 자치권을 돌려주고 한국을 일본의 유력한 동맹국으로 하려는 '고등파(高等派)'가 있는데, 당시에는 이토를 대표로 하는 문관파의 정책이 채택된 듯하지만, 무관파는 한국의 합병을 확정하고 있다고 파악했다.[43] 그러므로 한국내에 부득이 통감을 두어야 한다면, 한국의 물정과 열강의 의사도 파악할 수 있는 이토가 가장 적합한 인물이라는 견해를 보였다.[44] 이것은 일본의 한국병합론

---

40) 『大韓每日申報』1906년 8월 15일자 「韓國과 日本」 참조.
41) 『大韓每日申報』1906년 9월 4일자 「韓國內 日本」.
42) 『大韓每日申報』1906년 9월 8일자 「格別論述」.
43) 『大韓每日申報』1906년 6월 17일자 「日本武官政派」 ; 9월 22일자 「日本政治」 참조.
44) 『大韓每日申報』1906년 8월 8일자 「離湯就火」 참조.

자들에 비교하여 보호정치론자에 대한 상대적 선호의식을 의미한다.

『대한매일신보』는 한일 양국이 보거상의(輔車相依)[45]의 형세에 있음을 전제하고, "일본인이 한국인을 대하면 말로는 반드시 문명을 계도한다, 독립을 부식한다, 동양에 평화를 유지한다"고 하고, 한국인도 "동주동종(同洲同種)의 나라와 형제같이 친애하며, 입술과 이빨같이 서로 의지할지라"라고 했는데, 러일전쟁 개전 이후 일본은 한국의 내정에 간섭하고 경제적으로 침탈했다고 비판하고, 을사조약을 '병탄지계(併呑之計)' 곧 '한국병탄 계획'으로 인식했다.[46]

따라서 『대한매일신보』는 한일 양국의 보거순치(輔車脣齒)의 밀접한 관계에 비추어, 일본이 비록 강해도 고립하면 위태롭고, 한국이 비록 약해도 한국이 망하면 동아 대국(大局)이 파열된다는 '동아시아 공멸론(共滅論)'을 강조하고, 일본이 한국의 독립을 보장하고 상호 부조하여 동양평화를 모색하는 것이 일본의 상책이라고 권고했다.[47] 나아가 『대한매일신보』는,

> 일본이 한국의 독립을 실심(實心)으로 찬조하며, 만주를 청국에 환부하고, 삼국이 동맹을 체결하여 정족의 형세(鼎足之勢)[48]를 이루면, 동양의 평화가 유지되고, 일본에 무궁한 이익이 있을 것이다.[49]

라고 하여, 일본이 한·청·일 삼국동맹을 체결하여 삼국정족의 형세를 이룸으로써 서양세력을 막고 동양평화를 유지할 것을 권고했다.

---

45) 보거상의(輔車相依)란 수레의 덧방나무와 바퀴처럼 서로 돕고 의지함을 뜻함.
46) 『大韓每日申報』 1905년 11월 22일자 「危哉韓日關係」 참조.
47) 『大韓每日申報』 1905년 11월 22일자 「危哉韓日關係」 ; 11월 29일자 「韓日交誼」 ; 12월 7일자 「讀日本人對韓政策」 참조.
48) 삼국 정족의 형세(鼎足之勢)란 韓·淸·日 삼국이 솥발처럼 맞서 있는 형세를 말함.
49) 『大韓每日申報』 1907년 1월 13일자 「桑港報의 論說」 참조.

이것은 한국의 독립보장을 위한 '동양삼국동맹론'이고 '동양정족평화론'의 주장이었으며, 일본이 한국침략을 위장하여 주장한 동양평화론을 이용하여 일본의 한국침략을 저지하려는 논리였다.

이상과 같이 『대한매일신보』는, 을사조약은 한국의 독립과 동양삼국의 연대, 그리고 동양평화를 주장해온 일본의 배신적인 '한국병탄계획'이라고 인식했다. 그리고 『대한매일신보』는 통감정치를 정복자적 통치로 간주하고, 일본의 광범위한 약탈적 이권탈취 행위가 러시아보다 더 악랄하다고 보아, 종래의 상대적 일본선호의식을 사실상 철회했다.50) 나아가 『대한매일신보』는 한국병탄에 따른 '동아시아공멸론'과 한일 양국의 보거순치(輔車脣齒)의 관계를 강조하고, 한국독립보장의 논리로서 한·청·일을 축으로 하는 '동양삼국동맹론'·'동양정족평화론'을 제기했다.

요컨대 을사조약 전후기에 있어서, 한국의 애국계몽언론들은 일본의 강요에 의한 '을사보호조약'을 사실상 한국의 '독립상실'로 간주하고,51) 을사조약 체결이후 일본의 '보호정치'를 일본의 국익만을 추구한 포악한 정치, 또는 한일합방의 정지작업으로 인식하여 러시아에 비교한 일본선호의식도 없어졌다. 이 시기에는 『황성신문』뿐만 아니라, 『대한매일신보』도 일본의 한국병탄 야욕을 저지하고 한국독립을 유지하려는 논리로서 일본이 주장해온 '한일순치관계론'·'동양삼국정족론'·'동양평화론'을 활용하고 있으며,52) 특히 『대한매일신보』가

---

50) 당시 大韓自强會 회장 尹致昊는 일본이 "소위 보호정치 하에서 한국을 이전보다 열배는 더 나쁘게 만들었다"고 하고, "일본인들은 그들의 나라와 영국 그리고 미국에서는 기모노를 입은 천사들일지 모른다. 그러나 그들은 한국에서는 毒蛇들이다."라고 매도했다(T. H. Yun's Letter to Dr. Young J. Allen, December 25, 1906 참조).

51) 大韓自强會 초대 회장 尹致昊도 1905년 11월 18일자 일기에서, "한국의 독립은 오늘 오전 1시 또는 2시에 조용히 사라졌다"고 하여 을사조약의 체결을 한국의 독립상실로 간주했다.

한국병탄에 따른 '동아시아공멸론'과 한국독립 보장논리로서 '동양삼
국동맹론'을 제기한 점이 주목된다.

Ⅲ. 정미조약(1907) 전후기의 일본인식

일본은 1907년 6월 헤이그 밀사사건을 계기로, 7월에 고종을 강제
로 퇴위시킨 뒤, 곧바로 신문지법(7.24.)과 보안법(7.27.)을 반포하여
한국인의 언론·출판과 집회·결사의 활동을 크게 제한했으며, 정미
조약(7.24.)과 군대해산(8.1.)을 강요하여 한국의 행정권과 군사권을
장악하고 한국에 대한 지배권을 크게 강화했다. 외국의 강요에 의해
국왕이 퇴위하고 군대가 해산되었으며 외국인 차관이 임명됨으로써,
대한제국은 사실상 외형만 남게된 것이다. 따라서 이 시기에 일본이
한국을 병탄하리라는 의혹은 더욱 두드러졌다.

한편 일본은 1907년에 제2차 영일동맹에 근거한 '영일군사협정'을
맺어 영국과 동맹관계를 더욱 강화했고,[53] 러시아의 후원국이던 프
랑스와 불일조약(佛日條約)을 맺어 프랑스로부터 일본의 한반도 지배
권을 인정받았으며,[54] 교전국이던 러시아와도 러일협약을 맺어 한국
에 대한 일본의 현실적인 지배를 승인받았다.[55] 이처럼 1907년을 전

---

52) 이 시기에 大韓自強會 회원들도 한국독립보장의 논리로서 東洋三國鼎峙論과
    東洋三國連帶論 그리고 東洋平和論을 강조했다(張志淵, 「現在의 形勢」, 『大
    韓自強會月報』 제12호 p. 5 ; 남궁식, 「自強理由」, 『大韓自強會月報』 제8호 p.
    15 ; 大垣丈夫, 「所感一則」, 『大韓自強會月報』 제5호 p. 45 ; 「大垣丈夫의 演
    說」, 『大韓自強會月報』 제5호 pp. 39-40 참조).
53) 吉田和起, 「日本帝國主義의 朝鮮倂合」, 『韓國近代政治史硏究』(사계절, 1985)
    p. 131 참조.
54) 全正煥, 「露日戰爭과 프랑스의 對韓政策」, 『韓佛修交 100年史』(한국사연구
    협의회, 1986) pp. 204-205 참조.

후하여 일본은 어느 열강도 함부로 대할 수 없을 정도의 강대국의
위치에서, 동북아시아의 국제관계를 자국에 유리하게 이끌고 있었으
므로, 어느 나라도 일본의 반대를 무릅쓰고 한국의 독립을 지원하려
고 하지 않았다. 이러한 정미조약 전후기에『황성신문』과『대한매일
신보』는 일본을 어떻게 인식했던가를 살펴보기로 한다.

(1) 정미조약 전후기『황성신문』의 일본인식

『황성신문』은 헤이그밀사사건에 대하여, 그 근본 원인이 한국에
대한 일본의 포악한 행위에 있음을 지적하여 일본의 반성을 촉구하
고,56) 밀사사건으로 인한 고종의 강제퇴위를 치욕으로 생각하여, 독
립정신으로 실력양성에 힘쓸 것을 강조했다.57) 그리고 이『신문』은
정미조약에 의한 일본인 차관(次官)의 임용에 대하여, "선진 고명자
(高明者)가 그 미개한 자를 지도 혹 권고함은 가하거니와 이를 스스
로 취(取)하여 행(行)함은 불가한 것"이라 하여, 한국의 고관직에 일
본인의 임용은 일본의 실책이라고 비판했다.58) 또한『황성신문』은
일본인들의 '한국병탄' 주장에 대하여, "자기 나라를 합병코자 한다
는 설에 대하여 극력 반항하는 것은 천하의 공리(公理)오 세인의 상
정(常情)"이며, "만약 한국을 병합코자 하면 구라파와 아시아가 경쟁
하는 금일에 오히려 일본에 대 화란을 양출"할 것이라 하여, 일본이
한국병탄을 기도할 때에 예상되는 한국민의 강한 저항과 열강의 간
섭을 내세워, 일본의 한국합병이 초래할 한일양국 공멸의 위험을 지

---

55) 辛承權,「러일전쟁 이후 재정러시아의 대한정책」,『한민족독립운동사』6 (국
　　사편찬위원회, 1989) pp. 288-290 참조.
56)『皇城新聞』1907년 7월 18일자「辨海牙問題之惑點」참조.
57)『皇城新聞』1907년 7월 23일자「告我同胞」참조.
58)『皇城新聞』1907년 9월 26일자「警告日本當局諸公」참조.

적하고, 한일공존의 기초위에서 "양국간의 평화 행복을 영구히 계도
하는 것"이 득책이라고 주장했다.[59]

나아가『황성신문』은, 일본인의 한국이주 증가와 경제침탈에 많은
한국인들은 "종족이 멸망할까" 우려한다고 전제하고, 당초 한일조약
은 '상호동등'을 인정한 것인데, 일본이 병력의 강대함을 믿고 강제
로 '5개조의 신조약'과 '7개조의 최신조약'을 맺어 한국을 '병탄하는
근본'을 마련했다고 하고, 그러나 동양의 형세로 보아 일본의 한국병
탄은 '기우(杞憂)'이며, 한국병탄론자가 일본의 국론을 제압치도 못할
것으로 전망했다.[60] 또한 이『신문』은 당시를 "한일 양국의 보거순치
(輔車脣齒)적 관계를 공동보유하는 시대라"고 전제하고, 일본 당국자
가 '광명정직의 주의(主義)'로써 한일 양국간의 의심을 해소시키는
것이, 한일 양국과 동아 대국(大局)의 영원한 평화 행복을 위하는 길
이라고 주장했다.[61]

1909년에 들어『황성신문』은 일본에 대하여 더욱 경계하는 논조를
보였다. 당시 이『신문』은 세계정세와 한국에 대하여 다음과 같이 인
식했다. 첫째로 당시의 열강은 모두 '제국주의'를 실행하여 해외에
자국의 세력을 부식하는데 급급하고 있으며, 러시아는 피터대제 이래

---

59)『皇城新聞』1907년 10월 3일자「讀萬朝報谷子爵의 論評」참조. 이『新聞』10
　　월 2일자「別報」에서는 "금번 新條約에 대하여도 저같이 소요함을 難免이어
　　늘, 만약 다시 나아가 我國을 병탄코자 하면, 아무리 사대주의의 무리라도
　　궐기 반항할 것이 분명하다"고 했다.
60)『皇城新聞』1907년 10월 9일자「有識子의 對日論衡」참조. 당시 大韓協會
　　회장 金嘉鎭도 일본의 韓國併呑企圖는 '杞憂'라 하고, 그 이유로서 첫째로 韓
　　國併呑으로 인한 한국인의 영원한 반항을 예상할 때, 일본 정치가들이 併呑
　　의 愚策을 취하지 않으리라는 점과, 둘째로 韓國併呑은 일본이 세계에 누차
　　발표한 宣言에 어긋나는 것이라는 점을 들었다(金嘉鎭,「我國有識者의 日本
　　國에 대한 感念」,『大韓協會會報』제6호 p. 2 참조).
61)『皇城新聞』1907년 11월 10일자「國是團體의 可起할 時期」참조.

로 '남정북벌(南征北伐)'하여 최대제국을 건설했다.[62] 둘째로 한국은
청일전쟁의 결과로 명의상 독립은 얻었으나, 사실은 청국의 세력범위
에서 일본의 세력범위로 귀속했을 뿐이다.[63] 셋째로 일본의 국시(國
是)는 러시아 이상의 제국주의이며, 러일전쟁 이후 독일황제의 황화
론(黃禍論)이 나올 정도로 열강은 일본을 공포의 대상으로 여긴다.[64]
넷째로 일·러·청 삼국의 외교상 정치상 경제상의 변천은 한국의
독립과 밀접한 관계가 있으며, 한국독립의 시기는 삼국의 세력균형이
이루어질 때일 것이다.[65] 이처럼 『황성신문』은 당시를 열강이 해외
진출에 혈안이 된 '제국주의시대'로 파악하고, 일본을 구미열강이 두
려워할 정도의 제국주의국가로 인식했으며, 일·러·청 삼국의 세력
균형이 한국 독립의 요건이 되리라고 보았다.

그러면 당시 『황성신문』은 일본이 한국을 위해 시정개선을 하고,
한국독립을 보장한다는 약속을 믿었을가? 『황성신문』은 한일간의 보
거순치(輔車脣齒)의 관계를 강조하고, 일본의 한국병탄을 '기우'라고
하며 양국의 협력을 강조했으나, 당시를 제국주의시대로 인식하고,
일본을 러시아 이상의 제국주의국가라고 인식했다. 그러므로 이 『신
문』은 일본의 한국을 위한 시정개선과 독립보장의 약속을 믿지 않았
을 것이며, 다만 그렇게 되도록 스스로 노력하고 일본에 촉구하려 했
다고 판단된다.

이상과 같이 정미조약 전후기에, 『황성신문』은 고종의 강제퇴위,
일본인 차관의 임용, 일본군대의 만행 등 망국적인 사태에 처하여 커
다란 위기의식을 느꼈으며, 비록 표면적으로는 당시에 광범위하게 유

---

62) 『皇城新聞』 1909년 7월 1일자 「宇內大勢와 韓國」 참조.
63) 『皇城新聞』 1909년 7월 4일자 「宇內大勢와 韓國」 (續) 참조.
64) 『皇城新聞』 1909년 7월 7일자 「宇內大勢와 韓國」 참조.
65) 『皇城新聞』 1909년 7월 15일자 「宇內大勢와 韓國」 (續) 참조.

포된 일본의 '한국병합설'을 기우라고 했으나, 일본의 행위에 지속적
인 불신감을 보였다. 『황성신문』은 당시를 제국주의시대라고 파악하
고, 일본을 러시아 이상의 제국주의국가라고 인식했다. 그러므로 『황
성신문』은 일본의 한국병탄에는 한국민의 저항과 열강의 간섭으로
한일양국 공멸의 위험이 있음을 강조하고, '입술과 이빨'의 관계에
있는 한일 양국의 공존에 기초한 영구적 평화정책을 취하도록 일본
에 권고했으며, 일·러·청 3국의 세력균형 하에서 한국의 독립을 기
대하기도 했다.

(2) 정미조약 전후기 『대한매일신보』의 일본인식

『대한매일신보』는 헤이그 만국평화회의에서 '한국 충렬지사'가 한
국의 '원통한 실정'과 일본의 '강박한 행동'을 폭로한 것은, 한국의
장래에 독립회복의 기틀이 될 것이라고 높이 평가하고,[66] 이를 계기
로 이토 통감이 강제로 고종을 퇴위케 한 것은 일본이 동종(同種)·
동포(同胞)를 내세우며 '동종 소멸의 뜻'을 품고 있다고 비판했다.[67]
또한 이『신보』는 일본의 한국군대 강제해산[68]과 한국관리에 일본인
임용을 '한국의 독립축소'라고 비판하고,[69] 중국과 한국이 역사적으
로 국가의 안위(安危)와 성쇠에 긴밀한 관계가 있음을 들어 한청관계
의 긴밀성을 강조했다.[70]

그리고 『대한매일신보』는 일본이 한국에 동양척식회사를 설립하는
목적은, 일본인의 대규모 한국이주와 한국의 산업침탈을 통하여 한국

---

66) 『大韓每日申報』 1907년 7월 4일자「萬國平和會議에 韓國提議」참조.
67) 『大韓每日申報』 1907년 7월 20일자「伊藤侯」; 8월 11일「論韓皇之退位」참조.
68) 『大韓每日申報』 1907년 8월 4일자「韓兵解散」참조.
69) 『大韓每日申報』 1907년 8월 6일자「韓日協約에 對하여 何에 從事할꼬」참조.
70) 『大韓每日申報』 1907년 10월 6일자「淸廷改革의 好望」참조.

경제를 완전히 장악하려는 것이라고 비판하고[71], 일본이 한국정부의
모든 기관을 장악하여 일본인의 이익만을 추구하고 수탈과 잔인한
행동을 자행하여, "구식의 최악의 정부라도 30년 동안에 끼칠 손해를
일본인은 3년내에 이미 가했다"고 하여, 일본의 한국에 대한 시책을
강도 높게 비판했다.[72] 일본의 한국에 대한 시책이 '구식의 최악의
정부'보다 나쁘다는 평가는, 일본이 러시아보다 못하다는 데서 한걸
음 나아간 최악의 평가였다.

나아가 『대한매일신보』는 '동양주의'에 대하여 비판을 가했다. 이
『신보』는 「기기괴괴한 회명(會名)」이란 논설에서 다음과 같이 논했다.

> 금일 한국인이 세계주의를 주장함이 가한가 불가한가. …… 금일
> 열국이 각기 자국을 위하여 분투하는 시대에 이 범박(汎博)한 세계
> 주의를 말함은 어리석은 자의 꿈이야기요, …… 목하 한국에는 졸연
> 히 동양주의(즉 인종주의)가 국가주의를 엄살(掩殺)하는도다. …… 저
> 일본인들의 창도(唱導)하는 동양협회 동양척식회사도 동양주의가 아
> 닌가. 일본인의 동양운운은 국가를 확장하여 동양을 병합함이오, 한
> 국인의 동양운운은 동양을 주장하여 국가를 소멸코자 함이라.[73]

곧 『대한매일신보』는 당시 국가주의시대에 한국사회 일각에서 주
장되는 세계주의 곧 동양주의(인종주의)는 한국의 국가주의를 약화시
키는 것이라 하고, 강자인 일본인의 동양주의는 동양의 병합을 추구

---

71) 『大韓每日申報』 1908년 3월 28일자 「移民於韓國」 ; 4월 28일자 「東洋拓殖會
   社設立問題」 참조.
72) 『大韓每日申報』 1908년 1월 14일자 「韓日關係」 참조. 을사조약 체결이후 大
   韓自强會 회장 尹致昊는 일본이 "소위 保護體制 하에서 한국을 이전보다 열
   배는 더 나쁘게 만들고 있다"고 비판한 바 있다(T. H. Yun's Letter to Dr.
   Young J. Allen, December 25, 1906 참조).
73) 『大韓每日申報』 1908년 12월 17일자 「奇奇怪怪한 會名」.

하는 것이지만, 약자인 한국인의 동양수의는 국가의 소멸을 초래한다
고 하여, 몰주체적인 '동양주의'를 비판하고 한국민의 나아갈 방향으
로서 '국가주의'를 제기했다. 그리고 이『신보』는 「동양주의에 대한
비판」이란 논설에서,

　　국가가 주(主)요 동양은 객(客)인데도, 금일 동양주의를 제창하는
　　자를 보건대, 동양이 주되고 국가가 객되어, 국가의 흥망은 천외(天
　　外)에 붙이고 오직 동양을 보호하려 한다.[74]

고 하여, 동양주의에 매몰되어 국가의 흥망을 외면하는 친일적 동양
주의자들을 매도했다. 이러한 동양주의에 대한 비판은, 일본이 동양
평화론을 내걸고 동양협회·동양척식회사·동양전도관 등을 내세워
한국에서 식민화정책·친일화정책을 추진하려 하는데, 이에 동조하여
동양주의를 주장하는 동양실업장려회·동양애국부인회 등 친일적인
한국동양주의 단체를 겨냥한 것으로 생각된다.

　　그러나『대한매일신보』의 동양주의 비판이 곧바로 애국계몽가들의
동양정족평화론(東洋鼎足平和論)의 배격을 의미하는 것은 아니었다.
이러한 사실은, 만주를 둘러싼 러일간의 각축과 세계 열강의 이해관
계에 비추어, 일본이 '진정한 동양평화의 정책'을 가지고 '동양의 행
복'을 유지하는 것이 상책[75]이라는 이『신보』의 논설에서도 알 수
있다.

　　이상과 같이 정미조약 전후기에 있어서,『대한매일신보』는 일본이
사실상 한국정부의 모든 기관을 장악하고, 전근대적인 최악의 정부보
다 한국에 피해를 주고 있다고 하여 일본에 대한 최악의 평가를 내

---

74)『大韓每日申報』1908년 8월 10일자 「東洋主義에 대한 批評」.
75)『大韓每日申報』1910년 1월 12일자 「滿洲와 日本」참조.

렸고, 역사적인 면에서 한청관계의 긴밀성을 강조하기도 했다. 또한 『대한매일신보』는 동양척식회사의 설립을 일본이 한국경제를 완전히 장악하려는 것으로 간주했으며, 친일적이고 몰주체적인 '동양주의'는 국가를 소멸케 하는 것이라고 비판하고, 한국민이 나아갈 방향으로서 '국가주의'를 제기했다. 이 시기에 한국의 자주독립의 논리로서 국가주의가 제기된 것은 주목할 만하다.

요컨대 고종의 강제퇴위, 일본인 차관의 임용, 한국군대의 해산 등 정미조약을 전후한 망국적인 사태에 처하여, 한국의 애국계몽언론들은 일본의 한국병탄설에 대해 한층더 위기의식을 느꼈고, 일본의 통감정치를 전근대적인 최악의 정치보다 가혹한 통치라고 인식했다. 그리고 그들은 당시를 제국주의시대라고 파악하고, 일본을 러시아 이상의 제국주의국가라고 인식했다. 그들은 표면적으로는 일본의 한국병탄 가능성을 부인했으나, 일본의 한국병탄 기도에 따른 한일공멸론(韓日共滅論)을 내세워 한국독립을 존중하는 평화정책을 일본에 촉구했고, 한편으로는 한국독립의 논리로서 국가주의를 제기하기도 했으며, 일·러·청 3국의 세력균형 하에서 한국의 독립을 기대하기도 했다. 이러한 사실은 당시 애국계몽언론들이 국제관계와 제국주의에 대한 철저한 이해 속에서 조국의 진로를 모색했음을 알려준다.

Ⅳ. 이토 피살(1909) 전후기의 일본인식

1909년 4월 10일 일본의 카쓰라(桂太郎) 수상과 코무라(小村壽太郎) 외상 그리고 이토(伊藤博文) 통감은 한국의 합병을 실행하는 방침인 「대한(對韓)정책 확정의 건」에 합의하고, 7월 6일에는 천황의 재가를 얻어 한국합병 실행방침을 일본의 공식적인 정책으로 확정했다. 그리고 한국합병을 위한 정지작업으로 한국 내의 반일무장세력을 완전히 제거할 목적으로, 1909년 9월과 10월의 2개월 동안 보병 2개 연대와 공병 1개 소대를 전라도에 투입하여, 헌병·경찰과 합동으로 대대적인 의병토벌작전인 이른바 '남한 대토벌작전'을 실시했다.[76] 이러한 일본의 한국에 대한 강경정책 속에서 새로운 돌파구를 만들기 위하여, 당시의 대표적 애국계몽단체인 대한협회는 9월 초부터 궁여지책으로 친일단체 일진회(一進會)와 제휴를 모색하기도 했다. 그러던 중 10월 26일 이토피살 사건이 발생했다. 이를 계기로 일본의 한국합병정책이 급진전하는 가운데, 12월 4일에는 일진회의 '한일합방선언'이 나오게 되어, 한일관계는 새로운 국면에 접어들었다. 이러한 이토피살 전후기에 『황성신문』과 『대한매일신보』는 일본을 어떻게 인식했던가를 살펴보기로 한다.

(1) 이토 피살 전후기 『황성신문』의 일본인식

『황성신문』은 일진회의 한일합방선언에 대하여, 일진회가 국민에 대한 성명에서는 "정합방(政合邦)이오 합방은 아니라" 하고, 통감부에 보낸 서한에서는 "일한합방시대 창립(創立日韓合邦時代)이라" 했으며, 황제에 올린 상소에서도 "일한합방은 일대제국을 새로 만듦(日韓合邦新造 ·大帝國)이라"고 한 기만성을 공박했다. 그리고 이 『신문』은 일본의 카쓰라(桂太郎) 수상과 소네(曾禰荒助) 통감도 한국에 대하여 현상유지정책을 표방한 사실을 상기시키고, 일진회는 일본의 평화주의를 배반하고, 한국의 기초를 동요시키며, 한일양국의 '화의(和誼)'를 손상시키는 '악마당'이라고 매도했다.[77]

---

76) 柳永烈,『大韓帝國期의 民族運動硏究』(일조각, 1997) p. 335 참조.
77) 『皇城新聞』 1909년 12월 7일자「噫嘻痛矣」 참조.

또한 『황성신문』은 세계 열강의 세력이 사방에서 뻗어오는 시기에, 한일 양국이 '진정한 평화'를 유지하기 위해서는 양국의 공동이익에 힘써야 한다는 '한일공동이익론'을 제기하고, 일진회의 합방성명은 동양평화를 교란시키고 "동양의 화기(禍機)를 도발"하는 행위이므로, 일진회를 진압하고 합방론을 일소할 것을 주장했다.[78]

『황성신문』은 당시 세계는 동양과 서양의 대결의 시대 또는 황인종과 백인종의 인종경쟁의 시대로서, 서양세력의 동양진출의 현상이 날로 커간다고 파악하고,[79] 서양의 백인종에 비해 열등한 위치에 있는 동양의 황인종이 살아남는 길은, 순치(脣齒) 관계의 동양 황인종이 단결하여 사리사욕을 버리고 상호 보호의 방침을 강구하는 것이라고 주장했다.[80] 이것은 동양삼국의 연대로 서양세력을 막아야 한다는 서양세력 방어의 논리였으나, 일본의 국가이기주의를 견제하려는 황인종 단결의 논리였고, 내면으로는 한국독립 보장의 논리를 함축한 것이다.

나아가 『황성신문』은 당시 동양의 위기를 초래하는 세계 열강의 동양침략 현상을 막을 책임이 일본에 있다고 하여, 동양삼국 중에서 선진국가인 일본의 역할을 강조했다. 『황성신문』은 논설을 통하여,

> 일본은 한청(韓淸) 양국에 대하여 순치보거(脣齒輔車)의 형세를 점점 공고케 하고, 문명의 증진과 이익 발전에 관하여 진실한 마음으로 도와서, 우리 동양 전국(全局)으로 영원한 평화와 무궁한 복리를 향유케 함이 만세의 장책(長策)이오, 결코 야심적 수단으로 상호간 감정을 야기하여 대국(大局)의 여하를 고려치 아니함이 불가할지라.[81]

---

78) 『皇城新聞』 1909년 12월 25일자 「時局의 現狀」 참조.
79) 『皇城新聞』 1910년 1월 13일자 「世界大勢의 管見」 ; 1910년 1월 15일자 「人種의 關係」 ; 1910년 2월 3일자 「淸國現狀에 對한 觀念」 참조.
80) 『皇城新聞』 1910년 1월 15일자 「人種의 關係」 참조.
81) 『皇城新聞』 1910년 1월 9일자 「時局에 對하여 猛省함이 可함」.

라고 하여, 선진국가인 일본이 세계대세와 동양관계를 고려하여 한반
도와 대륙에 대한 지배야욕을 버리고, 한청 양국을 도와 동양삼국의
연대에 의해 동양평화를 구축해야 한다고 권고했다. 이것은 동양삼국
의 공존공영에 의한 동양평화론 곧 한국독립보장의 논리로서의 동양
평화론을 의미한다.

이 시기에『황성신문』의 논조는 동양평화론에 초점이 맞춰진 감이
있다. 당시『황성신문』이 동양평화론을 강조한 의도는, 당시 세계를
인종경쟁의 시대로 보아 동양인종의 보존을 위한 인종주의적 측면에
있었음도 부정할 수는 없다. 그러나『황성신문』이 동양평화론을 강조
한 본질적 의도는, 한국존재의 말살을 의미하는 한일합방론을 저지하
기 위하여 한일공존과 동양평화를 내세운 국가주의적인 측면에 있었
던 것으로 보인다.

한편 이 시기에『황성신문』은 당시 세계의 추세를 해양국가의 발
달에서 이제는 '대륙국가가 발달하는 시대'로 보고, 종래 후진국가로
경시했던 대륙국가인 청국의 발전과 역할에도 새로운 인식을 보였
다.[82] 곧 일본의 발달상에 주목하던『황성신문』의 논자들은, 한국과
지리·인종·종교·문학에서 밀접한 관계가 있는 청국은 4억 인구를
가진 대국이며, 앞으로 동양의 부흥은 청국의 진보 여하에 달려있다
고 보고, 당시 사존 능력이 없는 한국은 순치(脣齒) 관계에 있는 청
국의 진보에 주목해야 한다고 강조했다.[83] 이것은 청국으로써 일본
을 견제하려는 의식의 일면이라 하겠다.

이상과 같이 이토 피살사건을 계기로 한일합방론이 크게 대두하는
시기에,『황성신문』은 한국의 멸망을 의미하는 한일합방론에 대응하

---

82)『皇城新聞』1910년 4월 27일자「大陸發達의 時代」참조.
83)『皇城新聞』1910년 1월 15일자「人種의 關係」참조.

여, 일본이 한일 양국의 공동이익에 바탕을 둔 진정한 평화를 추구해
야 한다는 '한일공동이익론'과 한일양국의 '진정한 평화론'을 강조했
다.84) 그리고『황성신문』은 당시 세계가 동서양의 인종적 대결의 시
대임과 동양이 순치(脣齒)의 관계임을 내세워 동양삼국의 정족연대
(鼎足連帶)에 의하여 서양세력을 막고 동양평화를 유지해야 한다고
하는 '인종주의적 동양평화론'을 강조했다. 그러나 이 인종주의적 동
양평화론에는 한국의 독립보장을 전제로 하는 국가주의적 의도가 내
재된 것이었다.

(2) 이토 피살 전후기『대한매일신보』의 일본인식

『대한매일신보』는 이토 피살사건을 전후한 시기에, 어업면에서는
일본어선들이 한국어장을 대거 잠식하여 많은 한국 어민들이 생업
을 잃는다는 사실,85) 상업면에서는 추진중인 한일상업회의소의 합병
이 이루어지면 결국 한인상업회의소는 폐지되고 일인상업회의소만
팽창하게 되리라는 사실,86) 농업면에서는 동양척식회사가 일본 각지
의 농부를 소집하여 한국농촌을 시찰케 하여 한국내 농업경영을 장
려하는 사실87) 등을 들어 일본의 한국에 대한 경제침탈에 심각한 우
려를 표시했다. 또한 이『신보』는 일본이 한국민을 '심리적으로 관

---

84) 伊藤博文被殺 이후 大韓協會 기관지인『大韓民報』는 伊藤博文이 주장한 '韓
日利益共通主義'를 부각시켜 일본의 한국병탄론을 저지하려 했다(『大韓民報』
1909년 7월 14일・15일자「前伊藤統監公爵을 送함」참조). 大韓協會 총무 尹
孝定도 일본의 보호체제를 부득이한 현실로 받아들이고, 당시 한일관계의 최
선책은 相互利益을 증진시키는 방향에서의 '현상유지론'임을 강조했다(尹孝
定,「大韓協會의 合邦論에 對한 意見」,『大韓民報』1910년 1월 20일자 참조).
85)『大韓每日申報』1909년 11월 14일자「西道沿海의 漁場」참조.
86)『大韓每日申報』1910년 1월 15일자「漢城內實業家여 諸君은 一覽하라」참조.
87)『大韓每日申報』1910년 4월 6일자「外國人의 韓國內農業經營」참조.

리'하기 위하여 한국종교에 대한 친일화정책을 취하고 있는 사실88)
과 한국인들이 일본풍에 젖어 친일화하도록 일본관광단을 모집하는
사실89) 등을 비판했다.

그리고 『대한매일신보』는 일본인 대신(大臣)을 두어 한국 정무를
위임하자는 문제를 다룬 『오사카(大阪)매일신보』의 기사에 대하여,
"이것이 보호며, 이것이 시정개선이며, 이것이 동양평화인가"라고 비
판했다.90) 그리고 이 『신보』는 일진회의 합방성명에 대하여, 일진회
는 을사조약 이후 유명무실해진 국가를 망하게 하는 세력이라 규정
하고, 일진회의 합방성명서가 제기한 정합방(政合邦)은 2천만 동포를
기만하고 우롱하는 것이며, 그 합방성명 발표는 '국가를 팔고 동포를
파는' 행위라 하고, 이에 동조하는 세력들을 비판했다.91) 또한 이
『신보』는 일본인들이 "한국과 일본이 합방하면 동양의 평화가 유지
된다 하고, 한반도 모든 사람이 은택을 입는다 하며, 양국의 평화행
복이 증진된다"고 하는 주장은, "사람을 죽이고 천국에 오르게 한다
고 함이 아닌가"라고 하여, 한일합방을 목적으로 하는 일본인들의 허
구적 동양평화론을 강력히 비판했다.92)

한편 『대한매일신보』는, 일본의 정치가·세력가·재야당·신문기
자들이 "한국합병을 실행하여 영구히 화근을 끊기를 희망하노라",
"한일합병의 기운이 이미 성숙하였다", "현상유지를 말하는 자는 실
로 비상식의 무리라", "통감기(統監旗)로 이끌고 도와준 시대는 이미
지났은즉, 총독기를 심어 반도의 안녕을 보호유지할 시기가 아닌가"

---

88) 『大韓每日申報』 1910년 1월 16일자 「基督敎徒同胞의 覺醒할 바」 참조.
89) 『大韓每日申報』 1910년 4월 1일자 「告時事新聞」 참조.
90) 『大韓每日申報』 1909년 10월 22일자 「讀大阪每日報」 참조.
91) 『大韓每日申報』 1909년 12월 5일자 「一進會아」 ; 12월 7일자 「告韓國同胞」 ;
  12월 15일자 「嗚呼兩魔아」 참조.
92) 『大韓每日申報』 1909년 12월 25일자 「京城日本人新聞記者團」 참조.

라고 하며 주장하는 한국합병론은 일본에게도 결코 득책이 아니라
하고, 한국이 망하지 않는 이유를 다음과 같이 주장했다.[93]

첫째로는 한국의 주관적 형세로서, 역사적으로는 한국 인민의 뇌
리에 4천년 동안의 '역사적 국가이상'을 지니고 있고, 문명적으로는
근대 이전의 한국은 일본의 선진국으로서 장차 신문명으로 일본을
능가할 수 있으며, 민족적으로는 한민족은 원래 '무강활발(武强活潑)
의 종족'으로 충군애국의 정신과 '살신호국(殺身護國)의 기력'이 있어
대국민의 자질을 구비했으며, 관습적·풍습적·인정적인 각 방면에서
도 한국이 일본에 병합될 국가가 아니라는 것이다. 둘째로는 일본의
지위상의 형세로서, 일본이 비록 세계 8대 강국의 지위를 차지하고
있으나, 서구 열강이 러시아의 남하를 막기 위하여 한국·만주에서
일본의 세력권 형성을 허용한 것이며, 한국을 병탄하려는 야심은 결
코 불허할 것이라는 것이다. 따라서 한국은 결코 망국이 되지 않을
것이라고 했다.

나아가 『대한매일신보』는 일본이 한국의 독립을 보전한다고 열강
에 성명하여 한국인의 환심을 샀고, 이제는 동양평화와 한국인의 복
리를 내세워 한국을 합병하려 하는 일본의 기만성을 지적하고,[94]

> 일본인이여 세계는 세계인의 세계라. 일본의 독보(獨步)를 불허하
> 나니, 진정한 동양평화의 방책을 세워, 일본의 지위를 공고히 하며
> 동양의 행복을 유지함이 상책이 아닌가.[95]

라고 하여, 일본이 '진정한 동양평화의 방책'을 가지고 '동양의 행복'
을 유지할 것을 권고했다. 여기서 말하는 진정한 동양평화란 한국의

93) 『大韓每日申報』 1909년 12월 28일자 「日本人에게」 참조.
94) 『大韓每日申報』 1910년 1월 8일자 「韓日合倂論者에게 告함」 참조.
95) 『大韓每日申報』 1910년 1월 12일자 「滿洲와 日本」 참조.

자주독립을 전제로 하는 동양삼국의 정족평화(鼎足平和)를 의미하는 것이다. 이처럼 『대한매일신보』도 일본이 주장하는 동양평화론을 일본의 침략적 동양주의에 대응하는 방어논리 곧 한국독립보장의 논리로 적극 활용했다.

이상과 같이 이토 피살 전후기에 있어서, 『대한매일신보』는 일본의 한국에 대한 경제적 정신적 침탈행위를 비판하고, 허구적인 동양평화와 한국인의 행복을 내세운 '한일합방론'의 부당성을 강력히 지적했다. 그리고 『대한매일신보』는 한민족의 잠재능력과 국제정세로 보아 한국이 결코 멸망치 않을 것이라는 논리를 펴고, 일본이 '기만적인 동양평화론'을 주장하지 말고, '진정한 동양평화책' 곧 한국독립보장을 전제로 하는 '동양정족평화책'을 강구하도록 일본에 촉구했다.

요컨대 1909년 가을 안중근의 이토포살(伊藤砲殺)과 일진회의 합방성명을 계기로, 일본의 한국병합정책이 급진전하고 한일합방론이 크게 대두하는 시기에, 애국계몽언론들은 국가멸망의 위기를 절박하게 느끼고, 어느 때보다도 동양평화론을 주장했다. 그들은 한일 양국의 공동이익에 바탕을 둔 '진정한 평화론'을 주장했고, 한국독립을 전제로 하는 '진정한 동양평화책'을 취할 것을 일본에 권고했다. 애국계몽언론들은 일본인이 주장하는 동양평화론의 허구성을 알면서도, 한국독립보장의 논리로서 '한일공동이익론'과 '동양정족평화론'을 강조했던 것이다. 당시 일본과 일진회 등 친일파들은 한일합방을 추진하기 위하여 동양평화론을 주장했고, 애국계몽언론들은 한일합방을 저지하기 위하여 동양평화론을 강조했던 것이다.

맺음말

이제까지 우리는 한말의 『황성신문』과 『대한매일신보』의 일본에 대한 인식을 살펴보았다. 이 고찰을 통하여 우리는 『황성신문』과 『대한매일신보』의 일본에 대한 인식이 온건하고 강경한 차이는 있으나, 대동소이함을 확인할 수 있었다. 이제 그 내용을 요약하면 다음과 같다.

첫째, 『황성신문』과 『대한매일신보』는 일본인의 대규모 한국이주정책, 일본 제일은행권의 한국내 유통, 일본의 한국황무지 개간권요구, 일본의 한국시정개선, 일본어선의 한국어장에서의 불법조업, 한일상업회의소의 합병, 동양척식회사의 설립 등을 통한 일본의 한국경제 전반에 걸친 침탈행위에 대하여 강한 비판을 가했다. 또한 두 신문은 한일의정서의 강제체결과 고문정치, 을사조약의 강제체결과 통감정치, 고종의 강제퇴위와 한국군대의 해산, 정미조약의 강제체결과 차관정치 등 러일개전 이후 지속적인 일본의 한국내정 간섭과 국권탈취에 대해서도 비판적 논조를 견지했다.

둘째, 러일전쟁 전후기에 『황성신문』은 러일전쟁을 러일 양국이 만주와 한반도를 장악하려고 하는 침략전쟁으로 간주했으나, 일본은 한청(韓淸)의 영토를 보전하기 위해 개전했다고 하여, 러시아에 비교하여 일본에 상대적 선호의식을 보였다. 『대한매일신보』는 러일개전을 일본의 만주와 한반도 장악야욕에 초점을 두고 비판했으나, 러시아의 이권탈취 행위로 인하여 역시 일본에 상대적 선호의식을 보였다. 그러나 을사조약 전후기에 『황성신문』은 을사조약을 동양삼국 분열행위로, 외교권 양도를 망국으로 간주하고, 이토(伊藤) 통감의 부임을 한국독립보장에 대한 공약파기로 간주하여, 일본이 주장하던 러일전쟁의전론(義戰論)의 기만성을 비판했다. 『대한매일신보』는 을사조약을 '한국병탄 계획'으로, 통감정치를 정복자적 정치로 간주하고, 일본의 광범위한 약탈적 이권탈취 행위가 러시아보다 악랄하다고 보아, 러시아에 비교한 상대적 일본선호의식을 철회했다.

셋째, 『황성신문』은 러일전쟁 전후기와 을사조약 전후기에 한국의 독립을 보장하는 논거로 '동양삼국순치론(脣齒論)'·'동양삼국정족론(鼎足論)'·'동양평화론'을 주장했는데, 그 주장은 러일전쟁 전후기에는 러시아의 침략에 대한 대응논리에 역점이 주어졌고, 을사조약 이후에는 일본의 한국지배 야욕에 대한 대응논리에 역점이 주어졌다. 『대한매일신보』는 러일전쟁 전후기에는 한국의 독립과 강토보전을 규정한 한일조약에 근거하여 한국침략정책의 중단을 일본에 권고했고, 을사조약 이후에는 일본의 한국병탄에 따른 동아시아공멸론(共滅論)을 강조하는 한편, 한·청·일 3국이 동맹하여 삼국정족의 형세를 이룸으로써 서양세력을 막고 동양평화를 유지해야 한다고 하여, 한국독립보장의 논리로서 '동양삼국동맹론'·'동양정족평화론'을 제기했다. 이처럼 한국국권의 일부를 박탈당한 을사조약 체결 이후에 동양평화론은 한국독립보장의 논리로 본격적으로 활용되었다.

넷째, 정미조약 전후기에 『황성신문』과 『대한매일신보』는 헤이그 밀사사건과 고종의 강제퇴위 및 일본인차관 임용 등에 대하여 일본에 비판적 논조를 폈고, 『대한매일신보』는 일본의 한국내정간섭과 경제적 수탈 및 일본인의 잔인한 행동과 관련하여, 통감정치가 '구식의 최악의 정부'보다 한국에 해독을 끼쳤다고 하여 일본의 '보호정치'에 최악의 인식을 보였다. 이 시기에 『황성신문』은 일본인들이 주장하는 한국병탄 기도에 따른 '한일공멸론'을 강조하며 한일 양국의 공존과 평화를 주장했고, 일·러·청 3국의 세력균형 하에서 한국의 독립을 기대하기도 했다. 한편 『대한매일신보』는 강자인 일본의 동양주의는 동양의 병탄을 추구하고, 약자인 한국의 동양주의는 국가의 소멸을 초래한다고 하여, 친일분자들의 몰주체적인 '동양주의'를 비판하고 '국가주의'를 제창했다. 그러나 애국계몽계열의 한국독립논리로서의 동양평화론을 배격한 것은 아니었다.

다섯째, 이토피살 전후기에 『황성신문』과 『대한매일신보』는 일진 회의 한일합방성명을 매국매족 행위로 규탄하고, 일본내에서 널리 주장되는 한일합방은 한국민의 잠재력과 세계의 형세로 보아 불가능함을 주장했다. 두 신문은 이와 같은 합방정국에 대응하여 동양평화론을 더욱 강조했다. 『황성신문』은 한국의 멸망을 의미하는 한일합방론에 대응하여, '한일공동이익론'을 제기하고 한일 양국의 공존과 공동이익에 기초한 '진정한 평화론'을 주장했다. 『대한매일신보』는 한국병탄을 위장한 기만적인 동양평화론을 배격하고, 한국독립을 전제로 하는 동양삼국의 정족연대에 의한 '진정한 평화책'을 강조했다. 이러한 애국계몽언론들의 한국독립을 위한 동양평화론은 일본인 또는 친일파들의 한일합방을 위한 가식적인 동양평화론과 발상 자체가 다른 것이다.

여섯째, 『황성신문』은 한말의 국제사회를 열강이 해외진출에 급급하는 제국주의시대로 파악하고, 일본은 러시아 이상의 제국주의국가이며, 독일황제의 황화론(黃禍論)이 나올 정도로 구미열강으로부터 인정받는 강국으로 인식했다. 『대한매일신보』는 당시 일본은 세계의 8대 강국이며, 한국과 만주를 장악하기 위해 청일전쟁과 러일전쟁을 도발한 침략국가라고 인식했다. 이처럼 두 신문은 제국주의의 속성과 일본의 제국주의적 침략성을 잘 알고 있었고, 국제관계 속에서 일본의 한국에 대한 정책을 면밀히 분석했다. 따라서 『황성신문』과 『대한매일신보』가 주장한 동양평화론은 제국주의의 본질을 철저히 이해한 바탕에서 주장된 것이고, 그것은 일본의 한국병탄론을 저지하려는 논리, 곧 한국의 독립을 보장하려는 논리로 주장된 것이 확인된다. 적어도 을사조약 이후에 애국계몽언론들이 주장한 동양평화론은 예외 없이 한국독립론을 밑에 깔고 있었음을 알 수 있다.

제3장 한국 역사교과서 〈근대편〉의 일본인식

― 개항에서 한일합병까지 ―

I. 머리말

우리나라 고등학교의 국사교과서인 『고등학교 국사』는 1974년에 국정 교과서로 초판이 발행된 이후 79년판, 82년판, 90년판, 97년판까지 모두 4차례의 개정판이 나왔다.

우리나라의 현행 97년판 『고등학교 국사』(하)권은 크게 I. 근대사회의 태동, II. 근대사회의 전개, III. 민족의 독립운동, IV. 현대사회의 발전의 4개 부분으로 구성되어 있다. 이 중 II. 근대사회의 전개 부분은 1864년 대원군(大院君)의 등장에서 1910년 대한제국(大韓帝國)의 멸망까지 한국의 근대사 곧 개화기의 역사를 서술하고 있다.

개화기는 우리나라가 근대적 독립국가로 발전하느냐, 외국의 식민지로 전락하느냐 하는 아주 중요한 시기였으며, 근대 한일관계에 있어서도 아주 중요한 시기였다. 그러므로 여기서는 우리나라 고등학교 국사교과서의 개화기편에 한일관계가 어떻게 기술되어 있는가를 검토하고자 한다.

현행 우리나라 고등학교 국사교과서 개화기편은 우리나라와 일본과의 관계를 여러 측면에서 중요하게 다루고 있고, 서술 분량도 타국 관계에 비하여 압도적으로 많은 면수를 할애하고 있다. 그 이유는 우리나라 개화기 전반에 걸쳐 한일관계, 특히 일본의 한국침략이 이어졌으며, 그로 말미암아 우리나라가 근대화에 실패하고 결국 일본의 식민지로 전락했기 때문이다. 또한 그것은 우리가 개화기의 치욕의 역사를 거울삼아, 나라의 연약함이 어떠한 결과를 초래했는가를 스스로 반성하고, 한편 일본의 팽창정책을 경계하는 의미도 포함하고 있다. 역사상의 과오는 용서해야 하지만, 미래를 위해서 서로 기억하여 귀감으로 삼아야 하기 때문이다.

오늘날 한일 양국은 상호협력을 강조하면서, 양국의 국사 교과서에 깊은 관심을 기울이고 있다. 그 이유는 한일 양국의 친선과 협력이 역사적 진실에 바탕을 둔 과거사에 대한 올바른 이해와 인식에서 가능하기 때문이며, 양국의 국사교과서는 학교교육을 통하여 대다수의 자국 국민들에게 절대적인 영향을 미치고 있기 때문이다.

이 글은 현행 우리나라 고등학교 국사교과서의 개화기편이 일본에 대하여 정치적·경제적 측면에서 어떻게 서술하고 있는가를 검토하여, 우리나라 국민이 일본에 대하여 어떠한 교육을 받고 있는가를 살펴보고자 한다.

II. 정치적 측면에서의 일본인식

(1) 강화도조약과 개항

우리나라 고등학교 국사교과서는 강화도조약(江華島條約)과 개항에 대하여 다음과 같이 서술하고 있다.[1]

첫째로 강화도조약은 메이지 유신 이후, 근대국가 체제를 갖추고 자본주의화를 서두르며 해외 진출을 시도하고 있던 일본이, 포함(砲艦)의 위력으로 조선의 문호개방을 강요한 조약이었다.

둘째로 강화도조약에서 조선이 자주국으로 일본과 동등한 권리를 갖는다고 규정한 것은 조선에 대한 청의 주도권을 부인함으로써 일본의 조선 진출을 용이하게 하고자 한 것이다. 그리고 부산 외 두 항구(인천·원산)의 개항을 규정한 것은 경제적 목적을 넘어 정치적, 군사적 거점을 마련하려는 일본의 침략 의도를 들어낸 것이다.

셋째로 강화도조약과 그 부속 조약은 재한(在韓) 일본인의 범죄에 대한 일본 영사재판권 곧 치외법권을 규정하였고, 조선 내에서 일본 화폐의 유통과 일본의 수출입 상품에 대한 무관세를 규정한 불평등 조약이었다.[2] 이로써 일본은 조선에 대한 경제적 침략의 발판을 용이하게 구축한 반면에, 조선은 국내 산업에 대한 보호 조치를 거의 취할 수 없게 되었다.

이상과 같이 우리나라 고등학교 국사교과서는, 강화도조약이 일본의 침략 목적에 의하여 강요된 조약이었고, 치외법권과 수출입품 무

---

1) 『고등학교 국사』 하, (교육부, 1997) pp. 73-75 참조.
2) 불평등조약 관계는 金敬泰의 논문 「丙子開港과 不平等條約 관계의 구조」 (『梨大史苑』 11, 梨大史學會, 1973) 참조.

관세까지 규정한 불평등조약이었음을 밝히고 있다.

(2) 개화정책의 추진

우리나라 고등학교 국사교과서는 우리나라의 개화정책의 추진에 대하여 다음과 같이 서술하고 있다.[3]

첫째로 조선정부는 제1차 수신사 김기수와 제2차 수신사 김홍집을 일본에 파견하여, 일본의 발전상과 세계 정세의 변화를 알고 개화의 필요성을 느끼게 되었다. 그리고 신식군대의 양성을 위한 별기군을 창설하고 일본인 교관을 채용하여 근대적 군사훈련을 실시하고 사관생도를 양성하였다.

둘째로 일본에 파견된 신사유람단(紳士遊覽團)은 약 3개월 동안 일본의 정부 기관은 물론, 각종 산업시설의 시찰을 통하여 일본의 발전상을 직접 보고 돌아와, 각각 담당 분야에 대한 보고서를 제출하여 개화정책의 추진을 뒷받침하였다.[4]

이상과 같이 우리나라 고등학교 국사교과서는, 개항 초기 조선과 일본과의 관계가 조선정부의 개화정책 추진에 긍정적인 영향을 끼쳤음을 인정하고 있다.

(3) 갑신정변

우리나라 고등학교 국사교과서는 갑신정변(甲申政變)에 대하여 다음과 같이 서술하고 있다.[5]

---

3) 『고등학교 국사』 하, p. 77 참조.
4) 紳士遊覽団 관계는 鄭玉子의 논문 「紳士遊覽団考」(『歷史學報』 27, 역사학회, 1965) 참조.

첫째로 김옥균·박영효·서광범 등 개화당 요인들은, 청국의 간섭을 배제하여 자주독립을 확립하고, 일본의 명치유신(明治維新)을 본받아 급진적인 개혁을 추진하려 하였다.

둘째로 김옥균 중심의 개화당 요인들은, 임오군란 후 방일하여 직접 일본의 발전상을 보고, 근대적 국정개혁의 시급함을 절실히 느끼게 되었다.

셋째로 개화당은 일본 공사의 지원을 약속받고 정변을 구체화시켜 나갔으나, 청국군의 개입으로 갑신정변은 실패하고 말았다.[6] 정변 실패 후, 조선은 일본의 강요로 배상금 지불과 공사관 신축비 부담 등을 내용으로 하는 한성조약(漢城條約)을 체결하게 되었다.

이상과 같이 우리나라 고등학교 국사교과서는, 일본의 근대적 발전상과 명치유신이 갑신정변의 주도 세력에게 강력한 영향을 끼쳤다는 점을 인정한다. 그러나 갑신정변을 지원했던 일본이 정변 실패 후 한성조약을 통하여 조선에게 경제적 부담을 지게 한 사실을 지적하고 있다.

(4) 동학농민운동

우리나라 고등학교 국사교과서는 동학농민운동(東學農民運動)에 대하여 다음과 같이 서술하고 있다.[7]

첫째로 조선의 농촌경제는 일본의 경제적 침투로 피폐해져 갔다. 일본 정부의 정치적 비호를 받은 일본 상인들은 조선 농민의 가난한 형편을 이용하여, 입도선매(立稻先買)[8]나 고리대의 방식으로 곡물을

---

5) 『고등학교 국사』 하, pp. 80-82 참조.
6) 開化派와 甲申政變 관계는 李光麟의 저서 『開化黨研究』(일조각, 1973) 참조.
7) 『고등학교 국사』 하, pp. 84, 86 참조.

사들여 폭리를 취하였다.

둘째로 이러한 일본의 경제적 침략에 대응하여, 함경도와 황해도 지방에서는 곡물의 수출을 금지하는 방곡령(防穀令)을 내리기도 했으나, 일본의 항의로 배상금만 물고 실효를 거두지 못하였다. 이리하여 농촌경제는 갈수록 피폐해지고, 농민들의 일본에 대한 적개심도 커졌다.

셋째로 조선정부의 요청에 의하여 청국이 조선에 파병하게 되자, 일본도 천진조약(天津條約)을 구실로 조선에 군대를 보내어 청일전쟁이 일어나게 되었다. 일본의 내정간섭에 분개하여 다시 봉기한 동학농민군은 근대 무기로 무장한 일본군에 진압되어, 동학농민운동은 실패로 돌아갔다.[9]

이상과 같이 우리나라 고등학교 국사교과서는, 일본의 경제적 침략에 의한 조선 농민들의 피해가 동학농민운동의 한 원인이 되었으며, 반침략 반봉건의 동학농민운동이 일본의 무력 진압에 의하여 좌절되었음을 밝히고 있다.

(5) 갑오개혁

우리나라 고등학교 국사교과서는 갑오개혁(甲午改革)에 대하여 다음과 같이 서술하고 있다.[10]

첫째로 동학농민운동을 계기로 조선에 들어온 일본 군대는, 조선정부와 동학 농민군 사이에 전주화약(全州和約)이 성립되어, 조선에

---

8) 立稻先賣란 벼가 익기도 전에 收穫量을 어림잡아 사들이는 것을 말함.
9) 동학농민운동에 대해서는 姜在彦의 논문「東學思想과 農民戰爭」(『韓國의 近代思想』, 한길사, 1985) 참조.
10)『고등학교 국사』하, pp. 87, 88, 90 참조.

주둔할 명분을 상실하였다. 그러므로 일본은 조선에서의 내란을 예방하기 위해서는 조선의 내정개혁이 필요하다고 주장하였다. 그러나 그 근본 의도는 일본 군대의 조선 주둔의 명분을 찾고, 청국과의 전쟁 구실을 만들어 청국세력을 조선에서 제거하여, 조선 침략의 기반을 닦으려는데 있었다.

둘째로 일본의 내정개혁 요구에 대하여 조선은 일본군대의 철수와 조선의 자주적 개혁을 주장했으나, 일본군대가 경복궁을 점령하고 김홍집 내각이 성립되어 갑오개혁이 실시되었다. 당시 일본은 이권침탈에 힘쓰고 개혁에는 방관적인 자세를 취하여, 갑오개혁은 사실상 조선인 관료들의 주도하에 추진되었다.11)

셋째로 러시아 등의 삼국간섭(三國干涉)으로 일본 세력이 약화되었을 때, 조선의 왕비인 민비(閔妃)는 친러파와 연결하여 일본의 침략세력을 제거하려 하자, 일본 침략자들은 민비를 살해하는 을미사변(乙未事變)을 일으켰다(1895). 일본 침략자들의 민비 살해와 친일내각의 단발령 강행에 반발하여 전국 도처에서 의병운동이 일어났다.

넷째로 갑오개혁은 대체로 일본 제국주의 세력에 의하여 강요된 면도 있으나, 봉건적 전통질서를 타파하는 근대적 개혁이었으며, 조선의 개화인사들과 동학농민층의 개혁의지가 반영된 민족의 내부에서 일어난 근대화의 노력이었다.

이상과 같이 우리나라 고등학교 국사교과서는, 동학농민운동 당시 일본의 조선에 대한 내정개혁 요구는, 일본의 조선 침략의 명분을 찾기 위한 것임을 지적하고, 갑오개혁 당시 일본의 관심사는 조선에서의 이권탈취였고, 따라서 갑오개혁은 사실상 조선의 개화관료들에 의하여 추진되었음을 밝히고 있다. 또한 일본의 침략세력을 제거하려는 조선 왕비를 일본 침략자들이 살해한 사실도 강조하고 있다.

---

11) 甲午改革에 대해서는 柳永益의 저서 『甲午更張硏究』(일조각, 1990) 참조.

(6) 간도와 독도

우리나라 고등학교 국사교과서는 간도(間島)와 독도(獨島) 문제에
대하여 다음과 같이 서술하고 있다.[12]

첫째로 일제는 청국과 간도협약(間島協約)을 체결하여(1909), 만주
의 안봉선 철도 부설권을 받아 내는 대가로, 간도를 청국의 영토로
인정하였다. 일제가 조선의 외교권을 장악하고 제멋대로 간도협약을
체결한 것은 을사조약에 근거를 둔 것인데, 을사조약이 고종황제에
의해 무효임이 선언된 이상, 이 조약을 근거로 맺어진 간도협약도 무
효인 것이다.

둘째로 일제는 러일전쟁 중에 독도(獨島)를 자기들의 영토에 편입
시키는 불법 행위를 저지르기도 하였다.

이상과 같이 우리나라 고등학교 국사교과서는, 조선과 청국간에
귀속문제가 제기되고 있던 간도를 일본이 자국의 이익을 위하여 청
국에 넘겨준 사실을 지적하고 있다. 한편 일본이 러일전쟁 중 한국을
군사적으로 강점한 상태에서, 독도를 일본 영토로 편입한 것은 불법
적임을 분명히 하였다.

(7) 항일의병전쟁

우리나라 고등학교 국사교과서는 항일의병전쟁(抗日義兵戰爭)에 대
하여 다음과 같이 서술하고 있다.[13]

첫째로 일본 침략자들에 의해 자행된 민비살해사건(閔妃殺害事件)

---

12) 『고등학교 국사』 하, p. 95 참조.
13) 『고등학교 국사』 하, pp. 96-98 참조.

과 친일내각에 의해 강행된 단발령(斷髮令)14)을 계기로, 최초의 의병이 전국 각지에서 일어나, 충주를 비롯한 지방 주요 도시를 공격하고, 친일 관료와 일본인들을 처단하였다.

둘째로 러일전쟁의 발발과 을사조약의 체결을 계기로 국가의 존립이 위태로워지자, 다시 봉기한 의병들은 을사조약의 폐기와 친일내각의 타도를 내세우고 격렬한 항일무장투쟁을 벌였으며, 특히 의병으로 활약하던 안중근(安重根)은 만주 하얼빈 역에서 한국 침략의 원흉인 이토(伊藤博文)를 처단하였다.15)

셋째로 격렬하게 전개된 의병투쟁은 일본군의 잔인한 이른바 <남한대토벌작전>을 계기로 크게 위축되었다.16) 그러나 많은 의병들은 간도와 연해주로 옮겨가 독립군이 되어 일제에 강력한 항전을 계속했고, 일부의 의병은 국내에 남아 산악지대에서 유격전을 벌였다.

이상과 같이 우리나라 고등학교 국사교과서는, 한국 개화기에 있어 최초의 의병이 일본인들의 민비살해와 단발령으로 인하여 봉기했음을 지적하고, 을사조약 이후 의병 안중근이 한국에 소위 '보호조약'을 강요한 침략의 원흉인 이등박문을 처단한 사실을 밝히고 있다. 또한, 일제의 조선 침략이 강화될수록 의병의 무력투쟁도 강화되었음을 강조하고 있다. 한편 고등학교 국사『교사용지도서』는 일본군이 이른바 남한대토벌작전에서 의병부대를 진압하기 위해 일정지역을 포위한 뒤, 토벌군으로 하여금 전후 좌우로 수차례 왕복 수색하면서, 의병뿐만 아니라 모든 민중을 토벌 대상으로 하는 잔인한 토벌 방법인 '교

---

14) 제3차 金弘集內閣은 근대개혁의 상징으로서 머리를 짧게 깎도록 강권했는데, 상투로 상징되는 전통적 조선사회에서 斷髮令은 충격적인 것이었다.

15) 義兵의 對日抗戰에 대해서는 朴成壽의 논문「大韓帝國軍의 解散과 對日抗戰」(『韓民族獨立運動史』1, 국사편찬위원회, 1987) 참조.

16) 소위 <南韓大討伐作戰>에 대해서는 姜在彦의 논문「反日義兵의 歷史的 展開」(『韓國近代史研究』, 한울, 1984) 참조.

반적(攪拌的) 방법'을 구사했음을 비판하고 있다.[17]

(8) 애국계몽운동

우리나라 고등학교 국사교과서는 애국계몽운동(愛國啓蒙運動)에 대하여 다음과 같이 서술하고 있다.[18]

첫째로 러일전쟁 직후, 보안회(輔安會)는 토지 약탈을 목적으로 한 일본의 황무지개간권 요구에 반대운동을 벌여 이를 저지하는데 성공했으나, 일본측의 압력으로 해산되었으며, 헌정연구회(憲政硏究會)는 국민의 정치의식의 고양과 입헌정체의 수립을 목적으로 설립되어, 일진회(一進會)의 반민족적 행위를 규탄하다가 해산되고 말았다.

둘째로 을사조약 체결 직후, 대표적 계몽단체였던 대한자강회(大韓自强會)는 교육과 산업을 진흥하여 독립의 기초를 만들 것을 목적으로 하고, 국권회복을 위한 실력양성운동을 전개하였다. 그러나 일제가 헤이그 밀사파견을 구실로 고종황제의 양위를 강요하자, 격렬한 반대 운동을 주도하다가 강제적으로 해산되었다.[19]

셋째로 비밀결사였던 신민회(新民會)는 표면적으로는 문화적 · 경제적 실력양성운동을 전개하면서, 내면적으로는 독립군기지의 건설에 의한 군사적 실력양성을 기도하였다.[20] 그러나 신민회는 일제가 날조한 '105인사건'으로 인하여 그 조직이 와해되고 말았다(1911).

이상과 같이 우리나라 고등학교 국사교과서는, 한말(韓末)의 애국

---

17) 『고등학교국사 교사용지침서』(교육부, 1996) pp. 175 참조.
18) 『고등학교 국사』하, pp. 99-102 참조.
19) 大韓自强會의 활동에 대해서는 柳永烈의 논문 「大韓自强會의 愛國啓蒙運動」 (『韓國近代民族主義 運動史硏究』, 일조각, 1987) 참조.
20) 新民會의 활동에 대해서는 愼鏞廈의 논문 「新民會의 創建과 그 國權恢復運動」 (『韓國民族獨立運動史硏究』, 乙酉文化史, 1985) 참조.

계몽운동은 항일의병전쟁과 쌍벽을 이루는 국권회복을 위한 민족운
동임을 밝혀주고 있으며, 애국계몽운동은 지적(知的) 경제적인 개발
에 의하여 민족의 독립역량을 배양하고자 했으나, 결국 일제의 탄압
에 의하여 좌절되고 말았음을 보여주고 있다.

Ⅲ. 경제적 측면에서의 일본인식

(1) 일본상인들의 무역독점

우리나라 고등학교 국사교과서는 개항 후 조선에 있어서 일본 상
인들의 무역독점에 대하여 다음과 같이 서술하고 있다.[21]

첫째로 개항 초기에 조선에서 활동했던 일본 상인들은 대부분 쓰
시마 섬과 큐수지방 출신의 몰락한 상인과 불평 무사층으로서, 일확
천금을 노리는 전형적인 모험상인들이었고, 그들의 활동범위는 개항
장 10리 이내에 제한되었다.

둘째로 일본 상인들은 일본의 영사재판권과 일본화폐의 사용권 및
일본 수출입 상품의 무관세(無關稅) 등을 인정한 불평등조약(不平等
條約)을 배경으로 하고, 일본 정부의 정책적 지원을 받으면서 약탈적
무역 활동을 일삼았다.

셋째로 1880년대에는, 청국 상인이 대거 진출하여, 조선의 내륙시
장에서 일본 상인과 치열한 경쟁을 벌였는데, 청일전쟁에서의 승리로
일본 상인은 조선 상인의 반발과 청국 상인과의 경쟁을 모두 물리치
고 조선 시장을 독점적으로 지배하기에 이르렀다.

---

21) 『고등학교 국사』하, pp. 104-105 참조.

이상과 같이 우리나라 고등학교 국사교과서는, 개항초기 조선에서
활동했던 일본 상인들이 불평등한 강화도조약과 일본 정부의 정책적
인 지원 하에 약탈적 무역 활동은 자행했으며, 청일전쟁 이후에는 일
본의 조선에 대한 무역 독점이 가속화되었음을 지적하였다.

(2) 열강의 이권침탈

우리나라 고등학교 국사교과서는 제국주의 열강(列强)의 경제 침탈
에 대하여 다음과 같이 서술하고 있다.[22]

첫째로 조선에 있어서 열강의 이권탈취는 아관파천(俄館播遷)[23] 시
기부터 두드러져, 러시아와 일본을 비롯한 열강은 철도 부설권 · 광산
채굴권 · 산림 채벌권 등 많은 이권을 빼앗아 갔다.

둘째로 대한제국기에 일본의 은행은 은행 업무 외에 관세 업무,
화폐 업무 등을 장악하여, 일본의 경제적 침략의 첨병 역할을 하였
다. 일본인 재정 고문 메가다(目賀田鍾太郞)는 화폐정리를 주도하여,
국내의 중소 상공업자들에게 큰 타격을 주었다.

셋째로 일본은 청일전쟁 이후, 특히 러일전쟁 이후, 화폐정리와 시
설개선의 명목으로 조선에 차관을 강요하였다. 일본의 차관제공정책
은 대한제국을 재정적으로 일본에 완전히 예속시키려 것이었다.

이상과 같이 우리나라 고등학교 국사교과서는, 청일전쟁 이후, 조
선에 있어서 이권탈취, 금융지배, 차관제공 등의 형태를 띤 일본의
제국주의적 경제침탈을 지적하고 있다. 고등학교국사『교사용지도서』
는 일본이 시정개선의 명목으로 대한제국에 막대한 차관을 제공하고,

---

22) 『고등학교 국사』하, pp. 105-106 참조.
23) 아관파천이란 1896년에 高宗이 歐美派에 인도되어, 일본의 포위를 벗어나
러시아 공사관으로 피신한 것을 말한다.

특히 일본 제일은행으로 하여금 300만 원의 차관을 제공하게 하고, 스스로 화폐정리사업을 담당하여 막대한 이익을 얻게 하였음도 지적하고 있다.[24]

(3) 일본의 토지약탈

우리나라 고등학교 국사교과서는 조선에 있어 일본의 토지약탈에 대하여 다음과 같이 서술하고 있다.[25]

첫째로 개항 직후에 일본 상인들은 개항장 안의 일부 땅을 빌려 썼으나, 점차 활동범위를 개항장 밖으로 확대하고, 조선 농민들에게 돈을 빌려주었다가 농토를 대신 차압하기도 하고, 농토를 저당잡아 고리대금(高利貸金) 방식으로 빼앗기도 하여 토지를 확대해 갔다.

둘째로 청일전쟁 이후, 일본이 조선에서 강력한 영향력을 가지게 되자, 일본의 대자본가들이 대거 침투하여 전주, 군산, 나주 일대에서 대규모의 농장을 경영하기에 이르렀다.

셋째로 일본에 의한 대규모의 토지약탈은 러일전쟁 이후 본격화되었다. 일본은 철도부지와 군용지 확보를 구실로, 그리고 황무지의 개간과 역둔토(驛屯土)의 수용에 의하여 대량의 토지를 약탈해 갔다.

넷째로 '한일합방' 무렵까지 일본인이 조선에서 소유한 토지는 1억 5천만 평에 달하였으며, 일본의 이같은 토지약탈은 조선의 식민지화를 위한 기초 작업이었다.

이상과 같이 우리나라 국사 교과서는, 개항 이후 조선에 있어서 일본의 지속적인 토지의 약탈을 비판했고, 특히 러일전쟁 이후 철도부지와 군용지의 확보를 구실로 한 대규모의 토지약탈을 비판하였다.

---

24) 『고등학교국사 교사용지도서』(교육부, 1996) pp. 176-177 참조.
25) 『고등학교 국사』하, pp. 106-107 참조.

고등학교국사 『교사용지도서』는, 일본이 조신에서 토지 약탈을 목적
으로 1908년에 설립한 동양척식주식회사(東洋拓殖株式會社)가 1년만
에 3만 정보(9천만 평)의 토지를 소유했으며, 1910년을 전후하여 일
본이 조선에서 소유한 토지는 1억 5천만 평에 달하였다고 서술하고
있다.26)

(4) 경제적 침탈 저지운동

우리나라 고등학교 국사교과서는 일본에 대한 경제적 침탈 저지운
동에 대하여 다음과 같이 서술하고 있다.27)

첫째로 일본 상인들의 농촌 시장 침투와 지나친 곡물 반출을 막기
위하여, 조선의 지방관이 방곡령(防穀令)을 내렸으나, 일본의 강압으
로 방곡령은 철회되었고, 일본 상인들에게 거액의 손해 배상금을 물
게 되었다.

둘째로 1880년대에 외국 상인의 활동이 개항장 100리까지 확대되
어 청국 상인과 일본 상인들이 경쟁적으로 서울의 상권(商圈)을 잠식
해 오자, 철시한 서울 상인들과 시민 수천 명이 외국 상인들의 서울
퇴거를 주장하는 상권수호운동을 전개하였다.

셋째로 1904년 일제가 경제적 침탈을 강화하면서, 일본인에게 막
대한 황무지개간권을 주도록 한국 정부에 요구하자, 우리 국민들은
적극적인 반대운동을 전개하였다. 보안회(輔安會)는 가두집회를 열고
거족적인 반대운동을 전개하여 일제의 황무지개간권 요구를 철회시
켰다.28)

---

26)『고등학교국사 교사용지도서』 p. 177 참조.
27)『고등학교 국사』 하, pp. 107-109 참조.
28) 荒蕪地開墾權 요구문제에 대해서는 尹炳奭의 논문 「日本人의 荒蕪地開拓權

넷째로 일제는 1907년까지 대한제국의 1년 예산과 맞먹는 막대한 차관을 제공하여, 대한제국을 경제적으로 예속화하려는 정책을 추진하였다. 이에 대응하여 애국계몽운동가들은 국민의 힘으로 국채를 갚고 국권을 지키자는 거족적인 국채보상운동(國債報償運動)을 전개했으나, 일제 통감부의 간교한 탄압으로 좌절되고 말았다.

이상과 같이 우리나라 고등학교 국사교과서는, 방곡령의 시행, 서울상인의 상권수호운동, 황무지개간권 반대운동, 국채보상운동 등을 통하여 일제의 경제적 침탈에 대응하는 한국민의 노력을 강조하고 있다.

(5) 근대적 민족자본의 추이

우리나라 고등학교 국사교고서는 한국의 근대적 상업자본·산업자본·금융자본 등 민족자본이 일본에 대항해 가는 상황에 대하여 다음과 같이 서술하고 있다.[29]

첫째로 개항이후, 정부의 세곡(稅穀) 운반을 일본인의 증기선이 독점하여, 큰 타격을 받게 된 경강상인(京江商人)[30]들도 증기선을 구입하여 일본 상인에 대항하려 했으나 성공하지는 못했으며, 개성 상인의 인삼 재배업도 일본인의 약탈에 의해 침해당하였다.

둘째로 문호개방 이후, 일본 자본가들이 조선에 들어와 대규모의 운수회사를 설립하고, 해상과 육상의 운수업을 지배해 가자, 국내 기업가들도 외국의 증기선을 구입하여 그들에게 대항하려 했고, 운수회사·철도회사·광업회사 등을 설립하여 민족자본을 육성하고자 노력

요구에 대하여」(『歷史學報』 22, 역사학회, 1964) 참조.
29) 『고등학교 국사』 하, pp. 109-111 참조.
30) 京江商人이란 서울 한강변의 운수상인들을 말한다.

하였다.

셋째로 개항 직후부터 일본의 금융기관이 침투하고, 일본 상인에 의한 고리대금업이 성행하였으며, 이에 대응하여 한국의 자본으로 조선은행(1896)이 설립되었으나 얼마 후 폐쇄되었고, 한성은행(1897)·천일은행(1897) 등은 일제의 화폐정리사업으로 몰락하거나 자주성을 잃게 되어, 한국 금융은 사실상 일제에 의하여 장악되었다.

이상과 같이 우리나라 고등학교 국사교과서는, 문호개방 이후 여러 방면에서 전개된 민족의 근대적 경제건설을 위한 운동이, 일제의 정치적 압력과 경제적 침탈에 의해 좌절된 사실을 비판적으로 서술하고 있다.

Ⅳ. 맺 음 말

지금까지 우리는 우리나라 국사교과서 근대편의 일본관계 서술 부분을 살펴보았다. 그 내용을 요약해 보면 다음과 같다.

첫째로 우리나라 고등학교 국사교과서는, 일본이 군함을 동원하여 한국의 문호를 개방시킨 이후 대한제국(大韓帝國)을 합병할 때까지, 개화기 전반에 걸쳐 정치적 군사적으로 지속적으로 한국을 침략해 온 사실과, 이에 대한 한국민의 줄기찬 투쟁을 강조하고 있다.

둘째로 우리나라 고등학교 국사교과서는, 개화기에 일본이 말로는 한국의 독립과 개혁을 주장하면서, 실제로는 한국에서의 이권탈취에만 급급했고, 러일전쟁을 도발한 뒤에는 한반도를 군사적으로 강점하고, 강제로 대한제국의 외교권과 국권을 탈취해 간 사실을 밝혀주고 있다.

셋째로 우리나라 고등학교 국사교과서는, 개항 이후 일본 상인들이 불평등조약(不平等條約)과 일본 정부의 정책적 지원하에 조선에서 약탈적 무역을 자행했고, 청일전쟁 도발 이후 조선에서 무역독점을 가속화해 갔음을 밝혀주고 있다.

넷째로 우리나라 고등학교 국사교과서는, 청일전쟁 도발 이후 조선에 있어서 이권탈취, 금융지배, 차관제공 등의 형태를 띤 일본의 제국주의적 경제침탈을 소상히 밝히고, 러일전쟁 도발 이후 일제가 철도부지와 군용지 확보를 구실로 조선에서 대규모의 토지를 약탈한 사실을 비판하고 있다.

다섯째로 우리나라 고등학교 국사교과서는, 일제의 경제침탈에 대하여 한국측이 방곡령(防穀令)의 시행, 서울상인의 상권수호운동, 황무지개간권 반대운동, 국채보상운동 등으로 대응하는 한편, 각 방면에서 민족의 근대적 경제건설을 위한 노력도 기울였음을 강조하고 있다.

요컨대 우리나라 고등학교 국사교과서는, 일본에 의한 문호개방 이후 국권피탈(國權被奪)까지 한국과 일본과의 관계를, 일본의 계속적인 침략과 이에 대한 한국의 줄기찬 저항이란 구도 속에서 파악하고 있다. 그리고 이 국사교과서는 일본의 침략이 한국의 근대발전에 장애요인이 되었던 사실도 암시하고 있으며, 동시에, 왜 한국이 외국의 침략을 당할만큼 연약한 나라가 되었던가를 반성케 하는 의미도 포함하고 있다.

과거 약육강식(弱肉强食)의 시대에 있어서, 일본은 부강하다 하여 이웃나라를 침략한 과오를 반성해야 할 것이며, 한국은 연약하여 이웃나라의 침략을 초래한 과오를 반성해야 할 것이다.

끝으로 조선시대 임진왜란 기간의 수년간, 그리고 일본의 식민통치이래 수십년간을 제외하고, 한일 양국은 대체로 오랜 기간동안 선린국가였던 사실을 상기할 필요가 있다.

제4장 일본 역사교과서 〈근대편〉의 한국인식
― 정한론에서 한국병합까지 ―

머 리 말

한국 고등학교의 국사교과서는 국정(國定)이며, 교육부 발행의 한 종류뿐이다. 일본의 역사교과서는 검정제도(檢定制度)로 발행된다. 고등학교 일본사는 민간의 교과서회사가 교사와 연구자에게 집필과 편집을 의뢰하여 교과서를 작성하여, 문부성(文部省)의 검정에 합격한 후에 발행한다. 복수의 교과서회사에 의한 복수의 일본사교과서가 발행되기 때문에 기술 내용에도 차이가 있다. 한국관련의 기술도 취급하는 항목에 차이가 있고, 같은 항목에도 기술 내용에 차이가 있다. 그리고 일본의 역사과서 검정은 기술 내용에 이르기까지 상세하여, 집필자가 자기의 학문적·교육적 양심에 따라서 자유롭게 교과서를 집필할 수 있는 상황이 아니라고 말해지고 있다.[1]

1998년도에는 14개의 교과서회사에 의하여, 26종류의 고등학교 일본

---

1) 君島和彦,「教科書檢定と日本の教科書」,『教科書を日韓協力で考える』(大月書店, 1993) p. 42.

사교과서가 발행되어 사용되고 있다. 26종류의 교과서에는 『일본사 A』
가 5종류, 『일본사 B』가 21종류이다. 『고등학교 신학습 지도요령 해
설 지리역사편』(1989年)에 『일본사 A』의 설치의 취지에 대하여, "현
대 일본의 형성과 역사적 과정에 대하여 십분 이해와 인식을 갖도록
하기" 위하여, "일본의 근·현대사에 중점을 두어 학습시키려는 의도
하에 내용이 구성되어 있다"고 쓰여 있는 것처럼, 『일본사 A』는, 일
본의 근·현대사를 중심으로 서술되어 있다.[2] 『일본사 B』도 근현대
의 비중이 높게 취급되어 있지만, 어느 정도 종래와 같이 고대·중
세·근대·현대가 균형을 갖추어 서술되어 있다.

1998年에는 26종류의 고등학교 일본사 교과서가 발행되었다. 필자는
그 중에서, 산천출판사(山川出版社)·삼성당(三省堂)·청수서원(淸水書
院)·동경서적(東京書籍)이 발행한 『일본사 A』 4 종류와 『일본사 B』
4 종류, 도합 8종류의 고등학교 일본사교과서 <근대편>에 기술되어
있는 한국관련의 기술을 추출하여, 일본 역사교과서가 한국을 어떻게
인식하고 있는가, 곧 일본국민이 한국사에 대하여 어떻게 교육받고
있는가를 검토해 보고자 한다.

I. 정한론·강화도조약·한국개항

일본의 고등학교 역사교과서에는, 정한론·강화도조약·한국개항
에 대하여 다음과 같이 기술되어 있다.

첫째로, 산천출판사의 『신일본사 B』는, "외교로서는, 막부로부터
계속 불평등조약의 개정이 커다란 과제였다. 1871(明治4)년 말, 우대

---

2) 田中曉龍, 「高校日本史Aの特徴と問題点」, 君島和彦ら編著 『朝鮮·韓國は日本
の敎科書にどう書かれているか』 (梨の木, 1996) p. 255.

신(右大臣) 이와쿠라(岩倉具視)를 전권대사로 하는 사절단이 구미에 파견되어, 미국과 개정교섭을 시도했으나 목적은 달성하지 못하고, 구미 근대국가의 정치와 산업의 발전상황을 시찰하고 귀국했다"3)고 기술했으며, 산천출판사의 『현대의 일본사 A』는, 이 사절단이 "도중, 미국에서 불평등조약의 개정을 타진하여 실패했기 때문에, 일행은 먼저 일본을 구미와 같은 문명국이 될 필요를 통감하고 귀국했다"4)고 기술하고 있다.

청수서원의 『신일본사 A』는, "신 정부의 외교는, 개국화친을 방침으로 하여, 불평등조약의 개정과, 근린제국과의 국교수립·국경획정을 과제로 삼고 있었다. 1871년 말, 정부는 이와쿠라를 전권대사로 하는 대규모의 사절단을 구미제국에 파견했다. 일행은 목적의 하나인 조약개정의 예비교섭에는 성공치 못했으나, 여러 나라의 실정을 직접 견문하고, 국력충실의 필요성을 통감하고 1873년에 귀국했다"5)고 기술하고 있다.

이와 같이 일본 역사교과서는, 구미열강과 체결한 불평등조약의 개정 노력이 실패한 후, 1870년대에 일본정부는 불평등조약의 개정을 위해서는 "국력충실"과 "구미와 같은 문명국이 될" 필요가 있음을 통감했다고 기술하고, 이와 같은 일본정부의 발상이 근대 문명화를 적극적으로 추진함과 동시에, 구미열강의 포함외교를 답습하여, 이웃나라 조선을 개국시키는 배경이 되었던 것을 암시하고 있다.

둘째로, 산천출판사의 『신일본사 B』는, 명치정부(明治政府)는 "조선에는 발족(發足)과 함께 국교수립을 요구했으나, 당시 쇄국정책을 취하고 있던 조선은, 일본의 교섭 태도를 불만으로 하여 교섭에 응하

---

3) 『新日本史B』(山川出版社, 1998) p. 238.
4) 『現代の日本史A』(山川出版社, 1998) p. 75.
5) 『新日本史A』(淸水書院, 1998) p. 82.

지 않았기 때문에, 1873년(明治6년) 사이고(西鄕隆盛)・이다카키(板垣
退助) 등이 정한론을 주장했다"6)고 기술했다. 청수서원의 『상해(詳
解) 일본사 B』는 "사이고(西鄕隆盛)를 중심으로 하는 유수정부(留守
政府)는 지조개정・징병령 등의 근대화정책을 추진했다. 그러나 사족
(士族)의 불만이 높아 감에 따라, 내정의 정돈상태를 타개하기 위하
여 쇄국정책을 취하고 있던 조선에 사절을 파견하여, 개국 요구가 받
아들여지지 않으면, 무력행사도 부득이하다는 정한론(征韓論)이 정부
내에서 주장되게 되었다"7)고 기술하고 있다.

그리고 삼성당의 『상해(詳解) 일본사 B』는 "청(淸)과 대등한 관계
에 섰던 정부는, 청과 조공관계에 있고 국교가 단절되어 있던 조선에
대하여, 이제까지의 관례를 무시한 고압적인 외교문서로서 개국 요구
를 행하였다"8)고 기술하고, "천황의 이름으로 나간 외교문서에, 조공
국인 중국의 황제만 사용되는 것이 허용된 칙(勅)과 황(皇) 등의 문
자가 사용되어 있기 때문에, 일본과 대등한 외교 관계를 생각하고 있
던 조선으로서는 용인될 수 있는 것이 아니었다"9)고 주(註)에 기술되
어 있다.

이와 같이 일본 역사교과서는, 정한론의 원인은 근대화과정의 일
본 국내에 있어서 사족(士族)의 불만을 해소하고, 내정의 혼란을 타
개하기 위한 것, 그리고 쇄국정책을 취하고 있는 조선이 일본의 국교
수립의 요구에 응하지 않았던 것을 지적하고, 일본측의 "관례를 무시
한 고압적인 외교문서" 때문에, 조선측이 일본의 국교재개 요구를 거
부했던 것을 분명히 하고 있다.

---

6) 『新日本史B』(山川出版社, 1998) pp. 238-239.
7) 『詳解日本史B』(淸水書院, 1998) p. 242.
8) 『詳解日本史B』(三省堂, 1998) p. 226.
9) 『詳解日本史B』上同.

셋째로, 삼성당의 『명해(明解) 일본사 A』는, "1875년, 정부는 수도 서울 가까이에 군함을 파견, 조선에 도발하여 강화도사건(운양호사건)을 일으켰다. 그리고 다음 해 군대의 힘으로 일조수호조규(日朝修好條規, 강화도조약)를 맺게 하고, 조선진출을 꾀하였다"[10]고 기술하고 있다. 동경서적의 『일본사 B』는, "1875(明治8년), 조선의 강화도 부근에 침입하여, 시위행동을 일으켰던 일본군함에의 포격사건(운양호사건)을 기회로, 강경한 태도로 통문(通文)을 강박하여, 다음 해 조선측에 불평등한 일조수호조규를 일방적으로 체결시켰다"[11]고 기술하고 있다.

그리고 산천출판사의 『신일본사 B』는, "일조수호조규는 부산 외 2항(인천·원산)을 열게 하고, 일본의 영사재판권과 관세 면제를 인정시키는 등 불평등조약이었다."[12]고 각주에 기술하고 있으며, 삼성당의 『상해(詳解) 일본사 B』도, "이 조약은, 일본에 대하여 부산 등 3항을 개항, 치외법권의 승인, 관세의 면제, 일본화폐의 자유사용 등이 주어졌으며, 조선에 대하여 극히 불평등한 것이다"[13]고 기술되어 있다.

이와 같이 일본 역사교과서는, 일본군함의 조선영해 침범 등 도발행위에 의하여 일어난 포격사건을 기회로, 일본이 조선에 일조수호조규(강화도조약)를 강요한 사실과, 일조수호조규가 조선국내에서 영사재판권·관세 면제·일본화폐 사용을 규정한 극히 가혹한 불평등조약인 사실을 인정하고 있다.

넷째로, 일부의 일본 역사교과서는, 정한론의 이유를 조선의 쇄국정책에 두고 있다.[14] 그러나 역시 정한론은 조선의 쇄국정책보다는,

---

10) 『明解日本史A』(三省堂, 1998) p. 87.
11) 『日本史B』(東京書籍, 1998) p. 238.
12) 『新日本史B』(山川出版社, 1998) p. 239.
13) 『詳解日本史B』(三省堂, 1998) p. 226.
14) 『詳解日本史B』(淸水書院, 1998) p. 242 ; 『新日本史B』(山川出版社, 1998)

당시 일본의 불평사족(不平士族)의 반정부적 움직임과 구미열강에 의한 불평등조약의 불만을 해외진출로써 해소코자 하는 의도에서 나왔다고 보는 것이 옳을 것이다.

또한 일부의 일본 역사교과서는, 당시 조선을 중국의 소국처럼 기술하고 있다.[15] 그러나 당시 중국과 주변국가와의 사대관계・조공관계는 유교문화권 내의 윤리적 상하관계였을 뿐, 주변국가의 내치와 외교는 자주였으므로 근대적 종속관계와는 전혀 다르다는 것을 상기할 필요가 있을 것이다.

Ⅱ. 임오군란과 갑신정변

일본의 고등학교 역사교과서에는, 임오군란과 갑신정변에 대하여 다음과 같이 기술되어 있다.

첫째로, 동경서적의 『일본사 B』는, "1882년에는 한성(漢城, 현재 서울)에서 국내 개혁파의 군제개혁과 물가등귀에 반발하는 병사가 봉기하고, 여기에 합류한 민중이 왕궁을 습격하였으며, 나아가 군사고문의 파견 등에 의하여 군제개혁을 지원하고 있던 일본 공사관을 포위했다(임오군란)"[16]고 기술하고 있다.

임오군란의 원인을 비교적 잘 설명하고 있는 1997년판 자유서방(自由書房)의 『신일본사』는, "조선에서는 일본과의 무역 증대로 물가가 등귀한 것에 더하여, 일본인 상인이 치외법권을 이용하여 횡포를

---

pp. 238-239 ; 『明解日本史A』 (三省堂, 1998) p. 87.

15) 『詳解日本史B』 (三省堂, 1998) p. 226 ; 『新日本史A』 (淸水書院, 1998) p. 83 ; 『明解日本史A』 (三省堂, 1998) p. 87.

16) 『日本史B』 (東京書籍, 1998) p. 249.

부렸기 때문에, 민중의 반일감정이 높아졌다. 1882년, 병사와 민중은 일본에 접근하는 민씨일파에 반대하는 국왕의 친부(親父) 대원군(大院君) 일파와 결탁하여, 한성(서울)에서 반란을 일으키고 일본 공사관을 습격했다(임오군란 또는 임오사변)"17)고 기술하고 있다.

이와 같이 일본의 역사교과서는 조선의 병사와 민중이 일본인 상인의 횡포, 일본과의 무역에 의한 물가등귀, 조선개혁파의 군제개혁에 반발하여 임오군란을 일으켰다고 파악하고 있다.

그러나 삼성당의 『상해(詳解) 일본사 B』는, "국왕의 부친 대원군(이하응, 李昰應)은, 군대를 움직여서 일본 공사관을 습격하고, 일본 의존정책을 취하는 민씨일족에 의한 정권에 반발하여, 쿠데타를 일으켰다(임오군란)"18)고 기술하고 있으며, 청수서원의 『상해(詳解) 일본사 B』와 산천출판사의 『신일본사 B』 등 일본 역사교과서는, 거의 조선 국왕의 부친 대원군이 임오군란을 일으켰다19)고 잘못 기술하고 있다.

둘째로, 동경서적의 『일본사 B』는, "조선에서는 일본의 명치유신을 본받아 급격히 여러 제도의 근대화를 꾀하려고 하는 독립당과, 종래의 국내체제와 청국과의 관계를 유지하려고 하는 사대당과의 대립이 심하게 되었다. 1884(明治17)년, 독립당의 김옥균(金玉均) 등은 일본 공사관의 수비대의 원조로 정변을 일으켰으나, 청국군대의 반격을 받아 실패했다(갑신정변)"20)고 기술하고 있다.

그리고 산천출판사의 『신일본사 B』는, "일본에 접근하여 조선의 내정개혁을 꾀하려고 한 김옥균 등의 개혁파(독립당)는, 1884(明治17)

---

17) 『新日本史B』(自由書房, 1997) p. 253.
18) 『詳解日本史B』(三省堂, 1998) p. 241.
19) 『詳解日本史B』(淸水書院, 1998) p. 260 ; 『新日本史B』(山川出版社, 1998) p. 255.
20) 『日本史B』(東京書籍, 1998) p. 249.

년의 청불전쟁(淸佛戰爭)에서의 청국의 실패를 호기로 판단하고, 일
본 공사관의 원조 하에 쿠데타를 일으켰으나, 청국군의 내원으로 실
패했다(갑신정변)"21)고 기술하고 있다. 삼성당의 『상해(詳解) 일본사
B』도, 갑신정변이란 일본의 지원으로 근대화를 행하고자 한 김옥균
등 급진개화파(독립당)가, 청에 추종하여 정치를 행하려고 한 민씨일
족(閔氏一族) 등 보수파(사대당)를 제거하려고 한 쿠데타였다22)고 기
술하고 있다.

이와 같이 일본 역사교과서는, 갑신정변이란 명치유신을 본받아서
근대화를 꾀하려고 한 한국의 급진개화파가, 청불전쟁을 호기로 판단
하고 일본 공사관의 원조하에 일으킨 정변이었는데, 청국군대의 변격
을 받아 실패했다고 파악하고 있다. 그러나 당시의 보수파에는 개화
에 반대하는 민씨(閔氏) 수구세력만이 아니고, 점진적인 방법으로 개
혁을 모색하려는 온건 개화세력도 포함되어 있었다.

Ⅲ. 동학농민운동 · 청일전쟁 · 민비살해사건

일본의 고등학교 역사교과서에는, 동학농민운동 · 청일전쟁 · 민비
살해사건에 대하여 다음과 같이 기술하고 있다.

첫째로, 산천출판사의 『신일본사 B』는, "1894년에 조선에서 감세
(減稅)와 배일(排日)을 요구하는 농민의 반란(갑오농민전쟁, 동학당의
난)이 일어나니, 청국이 조선정부의 요청을 받아서 출병한 즉……일
본도 여기에 대항하여 출병했다"23)고 기술하고 있다. 동경서적의

---

21) 『新日本史B』(山川出版社, 1998) p. 255.
22) 『詳解日本史B』(三省堂, 1998) p. 241.
23) 『新日本史B』(山川出版社, 1998) p. 257.

『일본사 B』는, "1894년, 지방 관리의 압정과 일본을 비롯한 여러 외국의 경제적 진출에 대하여, 동학을 신앙하는 단체를 중심으로 한 농민반란이 조선 남부 일대에서 일어나, 나아가 전국에 파급하려고 했다(동학당의 난). 조선정부의 의뢰로 청국이 원군을 파견한 즉, 공사관원과 거류민의 보호를 명목으로 하여 일본도 출병했다"24)고 기술하고 있다.

그리고 청수서원의 『신일본사 A』는, "1894년 5월, 조선 남부에서 동학에 지도된 농민이 봉기하여, 반(反)봉건·반(反)침략을 내걸은 대규모의 농민전쟁으로 발전했다(갑오농민전쟁). 조선정부의 요청에 의해 청국이 진압을 위하여 출병한 즉, 일본도 이에 대항하여 출병했다"25)고 기술하고 있다.

이와 같이 일본의 역사교과서는, 동학농민운동을 농민전쟁 또는 동학당의 난이라 호칭하고 있는데, 동학농민운동은 내부의 압정과 외부의 침략에 대응하여 일어난 반봉건·반침략운동으로서 이해하고 있다.

둘째로, 산천출판사의 『신일본사 B』는, "농민군은 조선정부와 화해했는데, 청·일양국은 조선의 내정간섭을 둘러싸고 대립이 깊어져, 동년 8월, 일본은 청국에 선전을 포고하여, 청일전쟁이 시작되었다"26)고 기술하고 있고, 청수서원의 『신일본사 A』는, "일본군은 농민군과 화해한 조선정부로부터 철퇴를 요구받은 이후에도, 조선의 내정개혁을 요구하며 머물러, 한성(서울)의 왕궁을 점령했다. 조선지배를 둘러싸고 청·일간의 긴장이 높아지는 가운데, …… 일본은 청국에 선전을 포고하여, 조선반도를 주된 전쟁터로 하는 청일전쟁이 시

24) 『日本史B』(東京書籍, 1998) p. 260.
25) 『新日本史A』(淸水書院, 1998) p. 99.
26) 『新日本史B』(山川出版社, 1998) p. 257.

작되었다"27)고 기술하고 있다.

그리고 삼성당의 『상해(詳解) 일본사 B』는, "조약개정으로 영국의 호의적 중립을 확보하고, 러시아에도 양해를 얻은 일본은, 1894년 7월, 조선을 해방한다고 하는 구실로 청국군을 공격하고, 8월에 선전을 포고했다(日淸戰爭)"28)고 기술하고 있다.

이와 같이, 일본의 역사교과서는, 동학농민군과 화해한 조선정부가 철군을 요구하는데도 불구하고, 일본은 조선의 내정개혁을 요구하면서 군대를 주둔시키고, 조선의 해방을 내걸면서, 실제로는 조선의 지배를 위하여 청국에 선전포고한 사실을 인정하고 있다.

셋째로, 삼성당의 『상해 일본사 B』는, "일본군은 황해해전, 조선 평양의 전투에서 이기고, 이어서 중국 요동반도의 여순·대련, 다시 위해위를 점령하여, 이 전쟁은 일본의 승리로 끝났다. …… 이렇게 해서 일본은, 조선으로부터 청의 세력을 배제하고, 조선에의 영향력을 강화하여, 중국에의 실마리도 잡았다. 또한 일본인 사이에 중국인을 업신여기는 풍조가 넓어 갔다"29)고 기술하고 있다. 청수서원의 『신일본사 A』는, "근대적 장비에서 우월한 일본군은 청국군에 대승하여, 1895년 4월 일본전권 이토(伊藤博文)와 청국전권 이홍장(李鴻章)과의 사이에서 시모노세키조약(下關條約)이 맺어졌다. 그의 내용은, 청국이 (1) 조선의 독립을 인정하고, (2) 요동반도·대만·팽호열도를 할양하며, (3) 배상금 2억 양(兩)을 지불하고, (4) 새로이 사시(沙市)·중경(重京)·소주(蘇州)·항주(杭州)의 4항을 개항하는 것 등이었다"30)고 기술하고 있다.

---

27) 『新日本史A』(淸水書院, 1998) p. 99.
28) 『詳解日本史B』(三省堂, 1998) p. 243.
29) 『詳解日本史B』(三省堂, 1998) pp. 243-244.
30) 『新日本史A』(淸水書院, 1998) p. 99.

그리고 동경서적의『일본사 A』는, 시모노세키조약의 결과, "일본은 청국에 대신하여 조선을 지배하에 두고, 요동반도·대만을 발판으로 하여 대륙침략에의 제1보를 내딛었다"[31]고 기술하고 있다.

이와 같이 일본의 역사교과서는, 청일전쟁에 승리한 일본은, 조선 으로부터 청국의 세력을 배제하고, 조선에의 영향력을 강화했다는 것, 그리고 조선의 지배뿐만 아니라, 대륙침략에의 제1보를 내딛었다 고 기술하여, 청일전쟁이 침략전쟁이었음을 보여주고 있다.

넷째로, 산천출판사의『현대의 일본사 A』는, "청일전쟁의 승리의 결과, 일본은 해외에 식민지를 가지고, 대륙진출의 발판을 얻게 되었 다. 그러나 만주에 깊은 이해관계를 가진 러시아는 일본의 진출을 경 계하여, 프랑스·독일과 함께 일본에 요동반도의 청국에의 반환을 권 고했다(三國干涉)"[32]고 기술하고 있다. 삼성당의『상해(詳解) 일본사B』 는, 시모노세키조약이 맺어진 직후, 러시아는 프랑스·독일과 모의하 여, 요동반도를 청에 돌려주도록 일본에 압력을 가했다(삼국간섭). 거 기에서 일본은, 배상금(3000만兩)과 바꾸어 요동반도를 반환했는데, 정부는 이후, 이것을 이용하여 국민의 러시아에의 적의(敵意)를 계속 북돋아, 군비증강을 추진해 갔다"[33]고 기술하고 있다.

그리고 청수서원의『상해(詳解) 일본사 B』는, "한편, 조선에서는 왕 실이 러시아에 접근하여, 일본의 영향력이 약해졌다. 일본 공사 미우 라(三浦梧樓)는, 권위의 회복을 노리어, 1895년 10월에 민비살해사건 을 일으켰는데, 반대로 반일의 움직임을 높이어 각지에서 의병투쟁이 전개되었다"[34]고 기술하고 있으며, 삼성당의『상해(詳解) 일본사 B』

---

31)『日本史A』(東京書籍, 1998) p. 58.
32)『現代の日本史A』(山川出版社, 1998) p. 86.
33)『詳解日本史B』(三省堂, 1998) p. 244.
34)『詳解日本史B』(淸水書院, 1998) p. 262.

는, "조선에서의 반일감정이 높아지자, 일본공사는 독단으로 왕비 민
비를 살해하고, 친일파 정권을 만들고자 했으나 실패하고, 국왕 고종
은 러시아에 접근해 갔다"35)고 기술하고 있다.

이와 같이 일본 역사교과서는, 청일전쟁의 결과로 일본은 대륙진
출의 발판을 얻게 되었으나, 러시아 등의 삼국간섭 이후, 조선에의
영향력이 약해지자, 일본공사가 일본의 권위회복을 위하여, 러시아에
접근하는 조선의 왕비 민비를 살해한 사건을 일으켰다는 사실, 그리
고 조선 민중이 반일의병투쟁을 전개했던 사실을 기록하고 있다. 그
러나 청수서원과 삼성당의 『상해 일본사 B』 이외의 일본 역사교과서
는 민비살해사건에 대하여 거의 언급하고 있지 않다.

Ⅳ. 일본인의 아시아관

일본의 고등학교 역사교과서에는, 1880년대부터 1890년대까지의 일
본인의 아시아관에 대하여 다음과 같이 기술하고 있다.

첫째로, 산천출판사의 『신일본사 B』는, 일본인의 아시아관에 대하
여, "임오군란 이전에는, 구미제국의 동아시아 진출에 대항하기 위하
여, 일본은 조선·청국과의 연대를 강화하여 양국의 근대화를 도와주
지 않으면 안된다고 하는 주장이 활발히 제기되었"으나, 임오군란 이
후, "일본은 조선의 청국으로부터의 독립과 근대화를 도와주지 않으
면 안된다고 하는 논의와, 아시아의 일본과 청국은 조선문제로 다툴
필요가 없다고 하는 주장이 나타났다"36)고 기술하고 있다.

그리고 동경서적의 『일본사 B』는, "명치 10년대에는 민권론자 사

35) 『詳解日本史B』 (三省堂, 1998) p. 245.
36) 『新日本史B』 (山川出版社, 1998) p. 256.

이에서, 아시아 제국에 있어서 민권의 신장과 독립을 기대하여, 아시아 제민족과의 연대가 주창되어 갔다"[37]고 기술하고 있다. 청수서원의 『상해(詳解) 일본사 B』도, 이즈음 후쿠자와(福澤諭吉)가, "일본이 한국의 근대화를 도와주어야 한다고 하는 <아시아개조론>을 제창했다"[38]고 기술하고 있다.

이와 같이 일본의 역사교과서는, 일본 지식층 사이에 임오군란 이전에는 조선·일본·청국의 <삼국연대론>이, 임오군란 이후에는 <조선독립부조론(朝鮮獨立扶助論)>이 제창되었다는 사실, 그리고 대체로 임오군란 전후부터 갑신정변에 걸쳐서, <아시아연대론> 또는 <아시아개조론>이 일본사회에 풍미했다고 기술하고 있다.

둘째로, 산천출판사의 『신일본사 B』는, "갑신정변에서 청·일관계가 악화되고, 또한 조선 국내에서의 친일적인 개혁파가 세력을 상실하자, …… 근대화의 노력을 하지 않는 나라는 구미제국에 의하여 분할되어도 어쩔 수 없으나, 일본만은 근대화를 추진하여 독립을 지키고, 나아가 구미제국과 함께 동아시아의 분할에 참가해야 한다고 하는 주장(=탈아론, 脫亞論)이 활발해졌다"[39]고 기술하고 있다. 동경서적의 『日本史 B』는, "1884(明治17)년에 청불전쟁, 그 위에 조선에서 갑신정변이 일어나자, 후쿠자와(福澤諭吉)는 <탈아론>을 표방하여, 늦어진 아시아의 개명을 기다릴 여유가 없다고 하고, 일본은 오히려 서구와 행동을 함께 해야 한다고 주장했다"[40]고 기술하고 있다.

그러나 청수서원의 『상해(詳解) 일본사 B』는, "일본이 조선을 도와주어야 한다고 하는 <아시아개조론>을 제창하고 있던 후쿠자와(福澤

---

37) 『日本史B』 (東京書籍, 1998) p. 269.
38) 『詳解日本史B』 (淸水書院, 1998) p. 265.
39) 『新日本史B』 (山川出版社, 1998) p. 256.
40) 『日本史B』 (東京書籍, 1998) p. 269.

諭吉)도, 갑신정변의 다음 해에는 <탈아론>을 세창하고, 아시아의 근
대화를 기다리지 말고 서구열강과 보조를 함께 해야 한다고 주장하
게 되었다"41)고 기술하고 있다.

　이와 같이 일본의 역사교과서는, 청불전쟁과 갑신정변을 계기로
일본 지식층의 아시아관이, <아시아연대론>과 <아시아개조론> 또는
<조선부조론>으로부터 <탈아론>과 <아시아분할론>으로 전환되어 갔
다고 기술하고 있다.

　셋째로, 산천출판사의 『신일본사 B』는, 일본 지식층의 탈아론(脫亞
論)이 "청일전쟁 전후에 아주 성해졌으나, 러일전쟁 전에는 일본을
맹주로 하는 아시아의 연대를 제창하는 논의가 다시 강해졌다"42)고
기술하고 있다. 청수서원의 『일본사A』는, "결과적으로 보아 이 <탈아
론>을 충실히 실행한 것이 청일전쟁이고, …… 전승에 도취된 국민
사이에는 <문명국 일본>의 국민이라고 하는 우월감과 <야만국 청
(淸)>에의 멸시감이 넓어져 갔다. 그 위에 삼국간섭과 그 후의 열강
에 의한 중국 분할은 국민에게 충격을 주었는데, 구미에의 굴욕감·
열등감과 내면에 이웃 여러 나라에의 우월감이 증폭되어, 국가주의와
해외팽창론이 높아졌다. 청일전쟁 전후에 형성된 <탈아(脫亞)>의 국
민의식은, 그 후 일본의 침략을 받쳐 주는 토양이 되었던 것이다"43)
고 기술하고 있다.

　동경서적의 『일본사 B』는, "삼국간섭과 그 후의 열강의 중국분할
은 일본인에 충격을 주어, …… 해외에의 팽창론 등을 제창하게 했
다. 그 위에 러일전쟁의 승리는 …… 일본인 사이에는 구미열강에의
대응심(對應心)과, 아시아의 문명국이라는 자부심으로부터 대국의식

(大國意識)이 생겨, 드디어 일본은 조선 나아가 중국에 본격적인 침략을 추진할 수 있게 되었다"[44]고 기술하고 있다.

이와 같이 일본의 역사교과서는, 청일전쟁 전후에 일본 사회에는 <탈아론>이 성해졌고, 청일전쟁 승리 후에는 <문명국 일본>에의 우월감과 <야만국 청>에의 멸시감을 갖게 되었다는 사실, 그리고 삼국간섭 이후에는 구미에의 굴욕감·열등감을 가지고, 국가주의와 해외팽창론이 높아졌으며, 러일전쟁 이전에는 일본을 맹주로 하는 <아시아연대론>이 다시 강해졌는데, 러일전쟁 승리 후에는 구미에의 대응심과 대국의식을 가지고, 조선과 청국에의 본격적인 침략을 추진할 수 있게 되었다고 기술하고 있다.

V. 러일전쟁과 한국

일본의 고등학교 역사교과서에는, 러일전쟁에 대하여 다음과 같이 기술되어 있다.

첫째는, 청수서원의 『상해(詳解) 일본사 B』는, "1898년, 삼국간섭의 중심이었던 러시아가 일본이 반환했던 요동반도를 조차하자, 일본 국민 사이에 분노가 높아졌는데, 정부는 한국에 있어서 러시아의 양보를 기대하여, 협상할 방침을 취했다. 그러나 북청사변(北淸事變)을 기회로 만주를 점령한 러시아군은, 사변 후에도 철병치 않고 한국에 있어서 일본의 이익을 위협하게 되었다. 이에 대하여, 일본정부에서는 세력범위를 한정하여 러시아와 타협하는 안(러일협상론)과 영국과 결탁하여 러시아에 대항하는 안(英日同盟論)이 대립하였는데, 결국 후자

---

44) 『日本史B』 (東京書籍, 1998) p. 269.

가 선택되어, 1902년에 영일동맹이 성립되었다"45)고 기술하고 있다.

그리고 산천출판사의 『신일본사 B』는, "한국과 육지로 이어지는 만주가 러시아의 수중에 들어가는 것은, 일본의 한국에 있어서 권익을 위협하는 것이었다. 일본정부의 내부에는 러시아와 교섭하여 <만한교환(滿韓交換)>을 행하려는 자도 있었는데(러일협상론), 다수는 영국과 동맹하여 한국에서의 권익을 러시아로부터 지킬 것을 주장하고, 1902(明治35)년에 영일동맹협약이 체결되었다(영일동맹)"46)고 기술하고 있다.

이와 같이 일본의 역사교과서는, 삼국간섭 이후 러·일양국이 만주와 한국에서의 권익을 둘러싸고 대립할 때, 일본정부에서는 러시아와 교섭하여 <만한교환>을 행하려고 하는 <러일협상론>과 영국과 함께 러시아에 대항하려고 하는 <영일동맹론>이 대립했는데, 결국 1902년 영일동맹이 체결되었다고 기술하고 있다.

둘째로, 청수서원의 『상해(詳解) 일본사 B』는, "만주(중국 동북부)와 한국을 둘러싼 러·일교섭이 행해졌는데, 러시아는 한국에 있어서 일본의 군사행동의 제한과 중립지대의 설정을 요구하는 한편, 러시아의 만주지배에는 조건을 붙이지 않을 것을 주장했기 때문에 교섭은 결렬되고, 1904년, 러일전쟁이 시작되었다"47)고 기술하고 있으며, 동경서적의 『일본사 A』는, "격전이 계속되었는데, 1905년의 여순(旅順)의 함락, 3월의 봉천회전(奉天會戰), 5월의 동해해전(東海海戰)과 고전(苦戰) 중에서도 일본군은 승리를 거두었다. 그러나 이미 전쟁의 계속은 불가능에 가까웠다. 그래서 동해해전의 승리를 계기로, 일본은 미국 대통령 데오도어 루즈벨트(Theodore Roosevelt)에게 러·일간

---

45) 『詳解日本史B』(清水書院, 1998) pp. 264-265.
46) 『新日本史B』(山川出版社, 1998) pp. 259-260.
47) 『詳解日本史B』(清水書院, 1998) pp. 265-267.

의 조정을 의뢰했다"48)고 기술하고 있다.

그리고 삼성당의 『명해(明解) 일본사 A』는, "이 전쟁은 다음 해에 걸쳐서, 청의 영토인 만주을 중심으로 벌어져, 여순과 봉천에서는 양 국군 모두 수만의 희생자를 낸 치열한 전투가 일어났다. 일본은 100 만인이 넘는 병력을 동원하여, 17억엔 이상의 전비를 사용했다"49)고 기술하고 있다.

이와 같이 일본의 역사교과서는, 만주와 한국을 둘러싼 러일교섭 이 결렬되자, 일본은 러시아에 대한 전쟁을 벌여, 100만인을 넘는 병 력을 동원하고, 17억엔의 전비(戰費)를 사용하는 등, 당시 일본의 국 력을 넘어 전쟁에서 승리를 거두었다고 기술하고 있다.

셋째로, 산천출판사의 『현대의 일본사 A』는, "1905년 9월 러일강화 조약(포츠머즈조약)이 조인되어 전쟁은 끝났다. 이 조약에 의해 러시 아는 일본에, (1) 한국에 있어서 일본의 지배권, (2) 여순·대련의 조 차권과 장춘·여순간의 철도권익의 양도 …… 등을 인정했는데, 배상 금의 지불 요구에는 응하지 않았다"50)고 기술하고 있다. 삼성당의 『상해(詳解) 일본사 B』는, "전쟁 중 괴로운 생활을 강요당했던 국민 은, 배상금을 받지 못한 것이 알려지자, 불만이 폭발하여 각지에서 강화 반대의 집회가 열렸다.…… 동경 히비야(日比谷)공원에서 열린 국민대회에는 다수의 민중이 참가하여, 집회 후 내각대신 관저와 파 출소를 불태웠다(日比谷火攻事件). 정부는 계엄령을 내려 군대로 이 를 진압했다"51)고 기술하고 있다.

그리고 청수서원의 『상해(詳解) 일본사 B』는, "이 전쟁은 일본을

---

48) 『日本史A』(東京書籍, 1998) p. 66.
49) 『明解日本史A』(三省堂, 1998) p. 101-102.
50) 『現代の日本史』(山川出版社, 1998) p. 92.
51) 『詳解日本史B』(三省堂, 1998) pp. 247-248.

세계의 강국의 일원으로 들어올리고, 아시아의 민족운동에도 자극을 주서서, 인도·중국·베트남 등에서 독립운동이 활성화되었다"52)고 기술하고 있다.

이와 같이 일본의 역사교과서는, 러일전쟁의 결과, 일본은 러시아로부터 한국에 있어서의 지배권과 만주에서의 권익을 인정받은 사실, 배상금 없는 러일강화조약에 발발한 민중이 내각대신 관저 등을 불지른 <히비야(日比谷)화공사건>을 군대로 진압한 사실, 그리고 러일전쟁은 일본을 세계의 강국의 일원으로 들어올려, 아시아의 민족운동을 활성화시킨 사실을 기술하고 있다.

VI. 일본의 한국병합

일본의 고등학교 역사교과서는, 일본의 한국병합에 대하여 다음과 같이 기술하고 있다.

첫째로, 산천출판사의 『신일본사 B』는, "러일전쟁 후의 일본은 …… 우선 1905(明治38)년 미국과의 사이에 비공식의 태프트·카쓰라(桂太郎)협정을 맺고, 이어서 영국과는 영일동맹을 개정(제2차)하여, 양국에 일본의 한국보호화를 승인시켰다. 이것을 배경으로 하여, 동년 중에 제2차 한일협약을 맺고, 한국의 외교권을 빼앗아 보호국으로 삼고, 한국의 외교를 동경의 외무성을 통하여 행하도록 했다"53)고 기술하고 있다.

그리고 청수서원의 『신일본사 A』는, "러일전쟁이 일어나자, 일본은 한국에 압박하여 한일협정서(韓日議定書)를 체결하고, 군사상 필요한

---

52) 『詳解日本史B』(淸水書院, 1998) p. 266.
53) 『新日本史B』(山川出版社, 1998) pp. 261-262.

토지를 접수하는 권리 등을 인정케 하고, …… 그 위에 제1차 한일협약(韓日協約)을 강요하여, 재정·외교의 감독권을 장악했다. 그리고 일본의 한국지배권에 대하여, 열강의 승인을 얻고나서, 1905년 11월, 일본헌병대가 포위한 가운데 열린 한국의 각료회의에서, 제2차 한일협약(乙巳保護條約)의 체결을 강제하여, 한국을 보호국으로 삼았다"54)고 기술하고 있다.

이와 같이 일본의 역사교과서는, 러일전쟁의 발발 이후에 일본은, 한국으로부터 군사상 필요한 토지접수권과 재정·외교의 감독권을 점차 빼앗고, 한편 미국과 영국 양국에 한국보호국화를 승인시킨 후, 1905년에 일본 헌병대의 포위 가운데, 제2차 한일협약을 강요하여 한국을 보호국으로 삼았다고 기술하고, 소위 한일보호조약(韓日保護條約)의 체결이 강제적으로 된 사실을 분명히 하고 있다.

둘째로, 삼성당의 『상해(詳解) 일본사 B』는, "일본은 …… 이토(伊藤博文)를 초대 통감으로 하는 한국 통감부를 두고, 1907년, 네덜란드의 헤이그에서 열린 만국평화회의에 한국황제 고종이 일본의 불법을 호소하자 황제를 퇴위시키고, 한국군대를 해산시켰다. 이 때문에 이토는 독립운동가 안중근(安重根)에 사살되고, 한국의 군인은 농민과 함께 의병투쟁에 나서 일본에 저항했다"55)고 기술하고 있다.

그리고 청수서원의 『신일본사 A』는, "1907년, 헤이그 밀사사건이 일어나자, 이것을 구실로 한국황제의 퇴위를 강요하고, 새로이 제3차 한일협약을 맺어 내정 지도권도 빼앗고, 한국군을 해산시켰다. 한국에서는 이미 의병운동과 애국계몽운동을 중심으로 하는 반일운동이 일어나고 있었다. …… 일본은 경찰·군대의 힘으로 이들 민족운동을 탄압했는데, 1909년에는 전(前) 통감 이토(伊藤博文)가 하얼빈 역두에

---

54)『新日本史A』(淸水書院, 1998) p. 104.
55)『詳解日本史』(三省堂, 1998) p. 248.

서, 의병운동의 지휘관의 한 사람인 안중근에게 사살되는 등 일본에 대한 저항이 계속되었다"56)고 기술하고 있다.

이와 같이 일본의 역사교과서는, 일본이 소위 한일보호조약(韓日保護條約)을 강요하여, 이에 저항하는 한국황제를 퇴위시키고, 한국군대도 해산시켰기 때문에, 일본의 침략에 대한 한국민의 의병운동과 애국계몽운동이 치열하게 전개되고, 한국침략의 원흉 이토가 의병운동의 지휘관 안중근에 의하여 사살된 것을 인정하고 있다.

셋째로, 동경서적의 『일본사 A』는, "1910년에는 군사력을 배경으로 하여, 일본은 드디어 한국병합을 단행했다. 통감부는 조선총독부가 되고, 초대 총독에 테라우치(寺內正毅) 육군대장이 임명되었다. 그리고 일본의 식민지로서의 기초를 만들기 위하여 토지조사사업이 시작되었다. 조선에서 일본인이 손에 넣은 토지소유권을 법적으로 인정함과 동시에, 조선의 귀족·관료의 소유권을 보장하여, 그들을 식민지 지배의 지주로 삼았다. 또한 군용지·철도용지 등의 명목으로 엄청난 토지를 빼앗고, 총독부는 방대한 소유지를 손에 넣었다"57)고 기술하고 있다.

그리고 청수서원의 『신일본사 A』는, "총독부는 조선민중의 언론·출판·집회·결사의 자유를 빼앗고, 육군을 시켜서 민중생활의 말단에까지 미치는 군사적 지배를 행하였다. 또한 토지조사사업을 행하여, 공유지와 신고가 없는 토지를 국유지에 편입하고, 그것을 일본의 토지회사에 값싸게 불하했다. 그 때문에 토지를 잃은 농민이 속출하고, 일본과 만주에 흘러 나가는 조선인이 급증했다. 그 위에 총독의 허가를 얻지 못하면 회사의 설립이 되지 못했기 때문에, 조선의 민족자본의 성장이 지장을 받았다. 또한 학교에서도 조선의 지리·역사·

---

56)『新日本史A』(淸水書院, 1998) p. 104.
57)『日本史A』(東京書籍, 1998) p. 69.

언어의 학습을 크게 제한하고, 대신에 수신(修身)과 일본어를 강제적으로 가르치는 등, 천황에 '충량(忠良)한 신민(臣民)'의 육성을 중점으로 하는 동화정책을 강력히 추진했다"[58]고 기술하고 있다.

이와 같이 일본의 역사교과서는, 일본이 군사력을 배경으로 하여 강제적으로 한국을 병합하고, 무인총독과 군대를 상주시켜서 민중생활의 말단에까지 미치는 무단통치를 행했다는 사실, 식민지의 기초를 만들기 위하여 토지조사사업을 행하여 공유지와 신고가 없는 토지를 국유지에 편입하고, 또한 군용지·철도용지 등의 명목으로서 방대한 토지를 빼앗아 총독부는 방대한 토지를 소유하게 되었다는 사실, 그 위에 총독의 허가 없이는 회사의 설립이 불가능하게 하여 조선의 민족자본의 성장을 방해했다는 사실, 그리고 조선의 지리·역사·언어의 학습을 제한하고 수신과 일본어를 강제적으로 가르치는 등 동화정책을 강력하게 추진했다는 사실을 시인하고 있다.

맺음말

우리들은 이제까지, 일본의 고등학교 역사교과서의 근대편에서 한국관련의 기사를 추출하여, 그 내용을 검토하여 보았다. 그것을 요약해 보면 다음과 같다.

첫째로, 정한론·강화도조약·한국개항에 대하여, 일본의 역사교과서는, 정한론(征韓論)의 원인은 근대화과정의 일본 국내에 있어서 사족(士族)의 불만을 해소하고, 내정의 혼란을 타개하려는 데 있었다는 것, 그리고 조선이 일본의 국교수립의 요구에 응하지 않았기 때문에,

---

58)『新日本史A』(淸水書院, 1998) p. 105.

일본군함의 조선영해 침범 등 도발행위에 의하여 일어난 포격사건을 계기로, 일본이 조선에 강화도조약을 강요했다는 것, 나아가 강화도 조약이 조선국 내에서 영사재판권·관세 면제·일본화폐 사용을 규정한 극히 가혹한 불평등조약이었다는 사실을 인정하고 있다.

그러나 일반적으로 일본의 역사교과서는, 당시 조선을 중국의 속국처럼 기술하고 있는데, 당시 중국과 주변국가와의 사대관계·조공관계는, 유교문화권 내의 윤리적 상하관계였을 뿐, 주변국가의 내정과 외교는 자주였으므로, 근대적 종속관계와는 전혀 다르다는 것을 상기할 필요가 있다.

둘째로, 임오군란과 갑신정변에 대하여, 일본의 역사교과서는, 조선의 병사와 민중이 일본 상인의 횡포, 일본과의 무역에 의한 물가의 등귀, 조선 개혁파의 군제개혁에 반발하여 임오군란을 일으켰다고 파악하고 있다. 그러나 다수의 일본의 역사교과서는, 조선국왕의 부친 대원군이 임오군란을 일으켰다고 잘못 기술하고 있다.

그리고 일본의 역사교과서는, 갑신정변이란 명치유신(明治維新)을 모델로 하여 근대화를 꾀하려고 하는 한국의 급진개화파가 일본공사관의 원조 하에 일으킨 정변인데, 청국군대의 반격을 받아서 실패했다고 인식하고 있다. 그러나 당시의 보수파를 개화에 반대하는 세력으로 취급하고 있는데, 당시의 보수파 중에는 점진적 방법으로 개혁을 모색하려는 온건개화파도 포함되어 있었다.

셋째로, 동학농민운동·청일전쟁·조선왕비살해사건에 대하여, 일본의 역사교과서는, 조선의 동학농민운동을 내부의 압정과 외부의 침략에 대응하여 일어난 반봉건·반침략운동으로 이해하고, 청일전쟁은 일본이 조선의 지배뿐만 아니라, 대륙을 침략하기 위하여 일으킨 침략전쟁이었다는 사실을 인정하고 있다.

그리고 일본의 역사교과서는, 삼국간섭(三國干涉) 이후 조선에의 영향

력이 약해지자, 일본공사가 일본의 권위회복을 위하여, 러시아에 접근하
는 조선의 왕비 민비(閔妃)를 살해한 사실을 인정하고 있으나, 대부분의
일본교과서는 민비살해사건에 대하여 거의 서술하고 있지 않다.

넷째로, 일본인의 아시아관에 대하여, 일본의 역사교과서는, 임오
군란 이후로부터 갑신정변에 걸쳐서 <아시아연대론> <아시아개조론>
또는 <조선부조론>이 일본사회를 풍미했는데, 청불전쟁과 갑신정변
을 계기로 <탈아론>과 <아시아분할론>으로 전환되어, 청일전쟁 전후
에 일본사회에서는 <탈아론>이 성하게 되었고, 청일전쟁의 승리 이
후에 일본인은 <문명국 일본>으로서의 우월감과 <야만국 청(淸)>에
의 멸시감을 갖게 되었다고 보고 있다. 그리고 일본의 역사교과서는,
삼국간섭 이후에 일본사회에는 구미에의 굴욕감·열등감을 가지고
<국가주의>와 <해외팽창론>이 높아지게 되었고, 러일전쟁 전에는 일
본을 맹주로 하는 <아시아연대론>이 다시 강해졌는데, 러일전쟁의
승리 이후에는 구미열강에의 대항심과 대국의식(大國意識)을 가지고,
조선과 중국에 본격적으로 침략을 추진하게 되었다고 보고 있다.

다섯째로, 러일전쟁에 대하여, 일본의 역사교과서는, 삼국간섭 이
후 러일양국이 만주와 한국에서의 권익을 둘러싸고 대립할 때에, 일
본정부에서는 러시아와 교섭하여 <만한교환(滿韓交換)>을 하고자 하
는 <러일협상론>과 영국과 함께 러시아에 대항하려고 하는 <영일동
맹론>이 대립했는데, 결국 1902년 영일동맹이 체결되었다는 것, 그리
고 만주와 한국을 둘러싼 러일교섭이 결렬되자, 일본은 러일전쟁을
일으켜, 국력을 기울여 전쟁에서 승리를 거두었다는 것, 또한 러일전
쟁은 일본을 세계의 강국의 일원으로 격상시켜, 아시아의 민족운동을
활성화시켰다고 기술하고 있다.

여섯째로, 일본의 한국병합에 대하여, 일본의 역사교과서는, 러일
전쟁 발발 이후 일본은 미국과 영국 등에 한국보호권을 승인시킨 후,

1905년에 일본 헌병대가 포위한 가운데 '한일보호조약'을 강제적으로 체결했다는 것, 일본이 '한일보호조약'에 저항하는 한국황제를 퇴위시키고, 한국군대도 해산시켰으므로, 일본의 침략에 대하여 한국민의 의병운동과 애국계몽운동이 맹렬하게 전개되어, 한국침략의 원흉 이토(伊藤博文)가 의병운동의 지휘관 안중근(安重根)에 의하여 사살되었다고 기술하고 있다.

그리고 일본의 역사교과서는, 일본은 군사력을 배경으로 강제적으로 한국을 병합하고 무단통치를 행하였다는 것, 총독부는 한국의 토지조사사업을 행하여 공유지와 신고하지 않은 토지를 국유지에 편입하고, 또한 군용지・철도용지 등의 명목으로 엄청난 토지를 빼앗아 방대한 소유지를 손에 넣었다는 것, 더욱이 한국의 지리・역사・언어의 학습을 제한하여 일본에의 동화정책을 추진했다는 것을 인정하고 있다.

요컨대 일본 고등학교의 각종 역사교과서를 종합해 보면, 정한론에서 한국병합까지에 이르는 근대에 있어서, 한국을 비롯하여 주변국가에 대한 일본의 침략 사실이 잘 기술되어 있다. 그러나 일본 고등학교의 역사교과서는, 개별적으로 보면, 그 전반적인 흐름이 과거 일본 제국주의의 침략행위를 당시 약육강식(弱肉强食)의 국제사회에서 일본이 근대 발전을 추진하는데 있어 당연한 과정으로 느끼게 한다. 곧 침략의 사실은 기술하지만, 침략의 잘못을 느끼지 않게 하는 것이 일본 역사교과서의 문제점이다.

역사란 과거의 좋은 행위는 권장하고, 나쁜 행위는 다시 아니 하도록 하기 위한 거울이다. 일본 고등학교의 각종 역사교과서가 근대에 있어서 일본 제국주의의 침략의 잘못을 느끼도록 기술하여, 앞으로 일본 국민이 평화적인 민주주의 국가를 목표로 삼도록 지도하는 것이 미래지향적인 역사기술일 것이다.

제5장 근대한일관계의 미래지향적 인식

Ⅰ.한일우호협력의 전제

1998년 10월 8일, 한국 김대중(金大中) 대통령은 일본을 방문하여 오부치 케이조(小淵惠三) 일본수상과 공동성명을 발표하였다. 그 내용은, "21세기를 향하여 한일 양국이 과거를 청산하고, 미래지향적으로 협력할 것, 그리고 한일간의 문화교류를 촉진할 것" 등이었다.[1] 이것은 한일관계에 새로운 길을 연 역사적 선언이었고, 환영할 만한 선언이었다. 그리하여 앞으로 일본의 만화·영화·음악·미술 등이 한국에 유입될 것이 예상되며, 점차 한일간의 문화교류가 빈번해질 것으로 생각된다.

그러나 이 선언에 의해서 한일관계에 놓여 있는 과거가 청산되어, 한국인의 뿌리깊은 반일감정(反日感情)과 일본인의 혐한감정(嫌韓感

---

1) 『중앙일보』 1998년 10월 9일자 4면.

情)이 일순간에 해소되었다고 생각되지는 않는다. 그러한 의미에서 이번의 한일공동선언은 한일간의 과거 청산의 끝이 아니고 시작일 것이다. 그러므로 지금부터 민간 레벨의 지속적인 노력이 필요하다. 그 지속적인 노력이란 무엇보다도 양국 국민이 상대국의 역사와 문화를 내면으로부터 이해하려는 노력이다. 한일 양국의 문화교류도 양국 국민의 이해를 촉진하여, 서로 좋은 감정을 가지고 우호적으로 협력하도록 하는데 있을 것이다. 그렇기 때문에 "일본측의 빈번한 사과에도 불구하고, 왜 한국인들이 지금까지 일본에 원한을 풀지 않고 있는가"를 일본인들이 이해하는 것이 양국의 문화교류와 우호협력의 제1의 관문이라고 생각되어진다. 이 글이 그 의문에 대한 하나의 해답이 된다면 다행이라고 생각한다.

오늘날 한국과 일본의 관계는 「가깝고도 먼 나라」라고 표현되고 있다. 그러나 한일관계 1500년의 긴 역사를 보면, 한국과 일본은 「가깝고도 가까운 나라」였다. 한국은 한자와 유교·불교 등 수많은 대륙문화(大陸文化)를 일본에 전파하여 일본문화를 풍부하게 해주었다. 일본 에도시대(江戶時代)의 1811년까지 조선통신사(朝鮮通信使) 등을 통하여, 한국과 일본의 문화교류가 지속되었다. 그러나 한국과 일본은 조선시대의 임진왜란 시기와 근대에 들어서 수십년 동안 불화의 상태가 되었다. 앞으로도 21세기를 향하여, 한일 양국은 본격적으로 신뢰를 회복하여, 우호협력의 관계를 수립해야 할 것이다.

한국과 일본은 지리적으로도 가까운 나라이다. 그리고 오늘날 일본은 세계 제2위의 경제대국(經濟大國)이 되었고, 한국은 세계 제11위의 무역입국(貿易立國)을 이루었다. 이러한 잠재력을 가진 양국은 오늘날 지역협력의 시대에 있어서, 특히 2002년의 월드컵 축구 공동 주최국으로서, 우호협력체제를 굳게 다져야 할 것이다.

그러나 한국과 일본의 우호협력관계를 저해하는 여러 가지 요인이 있다. 한국과 일본 사이에는 불행했던 과거, 곧 한국측으로서는 일본의 침략과 식민통치에 대한 나쁜 감정이 있다. 그러나 일제의 한국침략과 식민통치 그 자체보다도, 한국침략과 식민통치에 대한 일본 지도층의 형식적인 사과와 합리화 발언이 한국민의 일본에 대한 감정을 깊게 해 왔다. 그 뿐만 아니라, 일본인은 근대의 선진국가로서 경제적 우월감을 가지고 있는 반면, 한국인은 근대 이전에 있어서의 문화적 우월감을 가지고 있어서, 한일간의 스포츠 경기에서 볼 수 있듯이 양국인에게는 과도한 경쟁심이 존재하고 있는 것이다.

이처럼 한일협력을 가로막고 있는 장애요인의 핵심은, 과거에 대한 양국 국민의 민족감정이다. 그러므로 한국과 일본의 우호협력을 위해서는, 민족감정의 근원(根源)인 과거의 청산이 꼭 필요한 것이다. 과거의 청산이란 결코 잘못된 과거를 잊어버리는 것이 아니고, 잘못된 과거를 솔직히 인정하여 잘못된 과거를 올바른 미래의 거울로 삼는 것이다. 이것이 미래지향적인 역사인식일 것이다. 역사란 좋은 일과 더불어 나쁜 일도 사실적으로 보여서, 좋은 일은 권하고, 나쁜 일은 다시 하지 않도록 하기 위한 것이기 때문이다.

한일간의 과거의 청산은 양국의 우호협력의 새로운 출발이 될 것이다. 그러므로 우리들이 양국의 과거와 역사를 되돌아보는 것은, 미래지향적으로 한일관계를 발전시켜 나가기 위한 것이다.

Ⅱ. 한국측에서 본 근대한일관계

(1) 침략과 저항의 역사

한국인의 입장에서 볼 때, 근대 한일관계사는 침략과 저항의 역사였다.

일본은 미국의 페리(Perry) 제독이 이끈 흑선(黑船)의 위력에 의하여, 1854년 미일화친조약, 그 후에 미일통상조약을 맺고 문호를 개방하였다. 이어서 서구 여러 나라와도 유사한 조약을 맺었다. 당시 일본이 구미 여러 나라와 맺은 조약은, 상대국 사람이 일본국내에서 죄를 범해도 일본 법률로 재판할 수 없는 치외법권(治外法權)을 인정했고, 일본이 수입품에 대하여 자주적으로 관세(關稅)를 부과할 수 없는 '불평등조약'이었다. 일본은 1971년 이래로 이러한 불평등조약의 개정을 위한 노력을 기울였다.

한편, 일본은 1876년에 군함을 동원하여 한국과 한일수호통상조약을 체결하고, 서양제국과 같은 방식으로 한국의 문호를 개방시켰다. 한일수호통상조약은 치외법권은 물론, 일본상품이 관세없이 한국에 수입되도록 수입품 무관세(無關稅)를 규정하였다. 수입품에 대한 무관세 규정은 서양제국과 맺은 어떠한 불평등조약에서도 유례가 없는 극히 가혹한 조항이었다.2) 이처럼 일본은 서양제국과 맺은 불평등조약을 해소하고자 하면서, 한국에 대해서는 더욱 심한 불평등조약을 강요했던 것이다.

그후 일본은 1894년 청일전쟁을 일으켜, 군대로 한국의 왕궁을 침범하고, 한반도의 지배권을 손에 넣었다. 그러나 러시아·프랑스·독일 등의 삼국간섭으로 일본세력은 일보 물러서게 되었다. 이 틈을 타서 한국의 민비(閔妃)가 러시아 세력을 이용하여 일본 세력을 제거하려 하였다. 그러자 주한 일본공사 주도하의 일본인들은 한국의 왕궁에 들어가 민비를 살해하고 시체를 소각하여 한국민의 분노를 샀다.3) 당시 국모(國母)로 여겨진 민비의 잔혹한 피살로 인하여, 한국

---

2) 趙璣濬, 「開化期 日帝의 經濟侵奪」, 『日本의 侵略政策史研究』 (一潮閣, 1984) pp. 4-5.

민은 "일본은 임진왜란 이래의 원수의 나라"라고 깊은 원한을 가지고 항일의병을 일으키게 되었다.

일본은 한반도와 만주의 획득을 목적으로, 1904년에 러일전쟁을 일으키고, 즉시 2개 사단의 병력으로 한반도를 점령하였다. 1905년에는 일본군대가 한국의 왕궁을 포위한 가운데, 일본 특사 이토 히로부미(伊藤博文)는 한국의 고종황제와 대신들을 협박하여, 소위 "보호조약"을 강제로 체결하고 한국의 외교권을 빼앗았다.

이 때 한국의 고종황제는 헤이그 만국평화회의에 밀사를 파견하여, "소위 보호조약은 강제로 체결되었으므로 무효이다"라고 주장하였다. 그러자 일본은 고종황제를 강제로 퇴위시켰다.4) 한국황제의 보호조약 무효 주장과 강제 퇴위는, 1905년에 맺은 한일간의 "보호조약"이 한국의 자유의사(自由意思)에 의하여 체결된 것이 아님을 단적으로 증명하는 것이다.

한편, 일본은 1905년, 러일전쟁 중에 시마네현(島根縣)의 고시(告示)를 통하여 독도(獨島=竹島)를 일본 영토로 편입하였다. 일본의 지도층은 독도가 일본의 고유영토라고 주장한다. 독도가 일본의 고유영토라면, 이 때 새삼스럽게 시마네현 고시에 의하여 독도를 일본영토로 편입할 필요가 있었겠는가? 시마네현 고시에 의한 일본의 독도 영토 편입이야말로 독도가 일본의 고유영토가 아니었음을 반증하는 것이다.

일본측은 시마네현 고시에 대하여, 한국이 이의를 제기하지 않았으므로, 독도는 법적으로 일본영토라고 주장하기도 한다. 그러나 당시 한국은 일본에 의하여 군사적으로 점령상태에 있었다. 국가 전체가 멸망 상태에 있던 당시에, 한국이 독도문제에 이의를 제기할 수

---

3) 金祥起,「韓末 前期義兵의 背景」,『韓末義兵研究』(一潮閣, 1997) pp. 59-63.
4) 柳永烈,「日本의 韓國支配政略과 高宗의 國權守護運動」,『大韓帝國期의 民族運動』(일조각, 1997) pp. 375-378.

있었겠는가?

독도가 6세기 신라시대 이래로 한국의 고유영토라는 많은 자료가 있다.[5] 19세기 중엽 러시아 해군지도는 독도를 한국 동해 해역에 포함시켜 놓았고,[6] 1910년 일본의 지도전문 제작회사인 박애관(博愛館)이 펴낸 조선전도(朝鮮全圖)에도 독도를 조선연안 지방과 같은 색으로 표시하였다.[7]

쿄토대학(京都大學)의 호리 카즈오(堀 和生) 교수는 「1905년 일본의 타케시마(竹島=獨島)편입」이란 논문에서, "일본정부의 타케시마(竹島) 영유권 주장은 제국주의 침략과정에서 구체화된 것"이라고 하고, 명치유신 후 1877년 당시 최고의 국가기관인 태정관(太政官)이 울릉도와 독도는 일본영토가 아니라고 시마네현에 통보한 사실도 밝히고 있다.[8] 일본 제국주의의 침략정책이 없었다면, 오늘날 독도 영유권문제는 존재하지 않을 것이다.

1907년 헤이그 밀사파견사건을 계기로, 일제는 한국의 고종황제를 퇴위시킨 뒤, 한국정부에 일본인 차관(次官)을 두게 하고, 한국군대를 강제로 해산시켰다.

소위 '을사보호조약'을 계기로 봉기한 항일의병은, 해산군인들을 흡수하여 전국 도처에서 일본군대에 대항하여 치열한 무장투쟁을 전개하였다. 일제는 1909년 9월부터는 소위 교반적(攪拌的) 방법이라는 새로운 의병진압작전을 실시하였다. 곧 일본 군대와 경찰이 의병출몰지역을 사방으로 포위하고, 마을마다 집집마다 수색·체포·살육을

5) 宋炳基,「資料를 통해 본 韓國의 獨島領有權」『鬱陵島와 獨島』(단국대학교 출판부, 1999) pp. 169-218.
6)『조선일보』1997년 1월 14일자 기사.
7)『조선일보』1996년 2월 22일자 기사.
8) 堀 和生,「1905年日本竹島領土編入」,『朝鮮史硏究會論文集』24 (朝鮮史硏究會, 1987),『조선일보』1996년 2월 22일자 기사에서 재인용.

반복하여, 의병과 주민을 무차별 탄압하였다. 이러한 가혹한 작전에 의하여 결국 의병은 진압되었다.9)

나아가 일본은 한국의 사법권과 경찰권을 차례로 빼앗고, 드디어 1910년에는 그들이 세운 순종황제에게 '합병조약'을 강요하여, 한국을 식민지로 만들었다. 최근에 발견된 순종황제의 유서는 '한일합병'의 강제성을 분명히 밝혀 주고 있다. 곧 순종황제는 그 유서에서 "합병인준(倂合認准)과 나라를 양도하는 조칙은 일본과 역신(逆臣)의 무리(이완용)가 나를 협박하고 제멋대로 만들어 선포한 것이다"10)고 밝히고 있다.

이처럼 일본의 군사적 정치적 통제상태에서 강제로 체결된 합병조약에 대하여, 일본의 정치지도자들은 2차 대전 종전 이후 오늘에 이르기까지, "한일합병조약은 대등한 입장에서 또 자유의사(自由意思)로 체결되었다"11) (1965년 佐藤榮作 수상)든가, "합병조약은 合意로 성립되었다"12) (1986년 中曾根康弘 수상)든가, "합방조약은 법적으로 유효하다"13) (1995年 村山富市 수상)고 말해오고 있다.

그러므로 일본 정치지도자들이 한국의 식민통치에 대하여 빈번히 사과를 한다 해도, 한국민들은 그것을 한국침략과 식민통치에 대한 진정한 반성 또는 마음으로부터의 사과로 보지 않는다. 여기에 한일 양국간에 넘을 수 없는 장벽이 있는 것이다.

---

9) 柳永烈, 「列强의 東北아시아政略과 韓國의 國權恢復運動」, 『大韓帝國期의 民族運動』 (一潮閣, 1997) pp. 335-336.
10) 『중앙일보』 1997년 11월 14일자 23면.
11) 李元德, 「일본 정치지도자들의 '망언'과 일본정계」, 『韓國史市民講座』 19 (일조각, 1996) p. 94 ; 『조선일보』 1995년 10월 19일자 2면.
12) 李元德, 위의 글, p. 110 ; 『조선일보』 1995년 10월 19일자 2면.
13) 藤永壯, 「현대 일본 반동세력의 한국사인식」, 『역사비평』 (1998년 가을) p. 292 ; 김영애 편역, 『일본 언론으로 보는 終戰50年』 (장락, 1996) p. 70.

(2) 일제의 가혹한 식민통치

일제의 식민통치는 한국인에게는 견디기 어려운 가혹한 것이었다. 한국병합 후, 일본은 한국을 조선으로 개칭하고, 표면적으로는 조선인을 일본인과 동등하게 대한다고 하여 "일시동인(一視同仁)"과 "일선융화(日鮮融和)"를 내세웠다. 그러나 일본은, 동일한 직장에서 동일한 일을 하는 일본인과 한국인의 봉급을 다르게 책정할 정도로, 한국인을 심하게 차별 대우했다. 그리고 '죠센진(朝鮮人)'이라는 용어 자체가 한국인을 경멸하는 용어로 쓰였다.

1919년 3월1일, 일본의 가혹한 무단통치에 항거하여, 한국인들은 전국적으로 독립만세운동을 벌였다. 일본 관헌들은 한국인들의 독립운동을 가혹하게 탄압하였다. 일본관헌들은 독립만세운동을 했다는 이유로, 경기도 수원 제암리(提岩里)의 기독교인과 천도교인 등 주민 39명을 살해했는데, 그 중 22명은 제암리 교회에 가두어 놓고, 교회를 불태워 죽게 했다.14)

일본이 자국을 위해 한국을 식민지로 만들었다면, 한국인들이 독립운동을 전개하는 것도 당연한 것이다. 그런데 인도의 독립운동자들에 대한 영국의 대응에 비하여, 한국의 독립운동자들에 대한 일본의 대응은 너무 가혹했다.

일제는 만주사변, 중일전쟁, 태평양전쟁 등 침략전쟁을 벌여, 한국 남성들을 전쟁터로 동원하였다. 심지어 일본 군부(軍部)는 한국 여성들을 정신대(挺身隊)로 징발하고, 수많은 한국의 젊은 여성들을 일본 군대의 위안부로 끌어갔다.15) 당시 한국사회에는 정신대 징발을 피

---

14) 이덕주, 「3·1운동과 제암리사건」, 『한국기독교와 역사』 7 (한국기독교역사연구소, 1997) pp. 51-65.

하기 위하여 일찍 결혼하는 풍조가 생기기도 하였다. 통치집단이 강제력에 의하여 수많은 여성들을 끌어가 성적 도구화한 것은 비도덕적인 성적 범죄행위가 아닐 수 없다.

그런데 1994년에 일본 법무장관 나가노 시게토(中野茂門)는 "태평양전쟁을 침략전쟁이라고 하는 것은 잘못이며, 종군위안부는 당시 공창(公娼)이었다"16)는 망언을 하였다. 일본 지도층의 이러한 망언은 한국인들에게 일본인들이 진정으로 과거를 반성하는지 의심을 가지게 한다.

"일본의 한국 통치는 한국인에게 은혜였다"는 1953년 한일회담 대표 쿠보타 칸이치로(久保田貫一郎)의 망언을 비롯하여,17) 전후 일본 정치인들은 일본의 한국통치가 한국인에게 도움을 주었다는 사실을 심심찮게 언급해 왔다. 그들은 그 예로서 흔히 일제하 한국의 공업발달과 근대적 교육시설을 제시한다.

일제시대에 한국의 공업이 어느 정도 발달한 것은 사실일 것이다. 그러나 당시 일본 통치자들이, 한국인을 위하여 한국의 필요에 부응하는 공업발전을 추구했다고 믿을 사람은 없을 것이다. 당시의 한국은 일본의 전쟁수행을 위한 병참기지, 또는 일본제국의 공업발전을 위한 부품공장의 성격이 짙었기 때문이다.

한편 교육시설면에서 예를 들면, 1925년에 일본은 한국에 경성제국대학(京城帝國大學)을 세웠다. 그러나 이러한 교육기관의 설치가

---

15) 일본의 「女性을 위한 아시아平和國民基金」이 발행한 『從軍慰安婦가 된 분들의 보상을 위하여』(1995)라는 책자에 의하면, 한국·중국·대만 등지에서 징발된 종군위안부의 수는 현재 연구자 사이에서 5만 명이나 20만 명 정도로 추산되고 있다.

16) 『중앙일보』 1994년 5월 6일자 5면 ; 『조선일보』 1995년 10월 20일지 6면.

17) 『朝日新聞』 1953년 10월 22일자 기사 ; 『조선일보』 1995년 10월 20일자 6면 ; 김영애 편역, 앞의 『일본 언론으로 보는 終戰50年』 p. 70.

한국인의 교육진흥을 위한 것은 아니었다. 오히려 조선총독부는 한국의 무수한 근대적 민족교육기관과 기존의 대학기관들을 탄압하였다. 예를 들면 조선총독부는 1906년에 설립된 한국최초의 근대대학인 숭실대학(崇實大學)과, 1910년에 설치된 이화학당 대학부 그리고 1915년에 설치된 경신학교 대학부 등, 한국 기존의 대학기관들을 1925년까지 전문학교로 개편시켰다. 그리고 신사참배 강요에 불응하는 숭실전문학교 등 무수한 기독교계 학교를 1938년까지 폐교케 하였다.[18] 그리고 1922년이래 한국인들의 민립대학(民立大學) 설립운동도 방해하였다.[19]

사실상 1925년에 조선총독부가 설립한 경성제국대학은 결코 한국최초의 대학도 아니었으며, 한국인을 위하여 설립된 것도 아니었다. 그것은 재한(在韓) 일본인들의 교육 등 일본 제국주의의 식민통치의 목적을 위해 설립된 것이었다.[20] 따라서 일본이 한국에 최초의 대학을 설립해 주고 한국인의 근대교육에 기여했다는 일본 지도자들의 주장은 사실과 전혀 다르다.

한국인들은 일본의 식민통치를 침략으로, 질곡(桎梏)으로 생각하는데, 일본의 지도자들은 식민통치가 한국인에게 도움을 주었다고 말한다. 그것은 남의 집을 강제로 빼앗은 다음, 그의 가족들을 도와주었다고 말하는 것과 다를 바가 없다. 여기에 역사인식의 커다란 차이가 있는 것이다.

---

18) 柳永烈,「韓國 최초 近代大學의 설립과 民族的 성격」,『한국민족운동사연구』 15 (한국민족운동사연구회, 1997) pp. 96-101, 107-109, 117-118.
19) 金鎬逸,「일제하 민립대학설립운동에 대한 고찰」,『韓國 近現代移行期 民族運動』(新書苑, 2000) pp. 189-190.
20) 馬越 徹,「日本型植民地大學으로서의 京城帝國大學」,『韓國近代大學の成立と展開』(名古屋大學出版部, 1995) pp. 103-105.

(3) 과거 청산의 방법

독일의 히틀러는 선진 강대국가들의 팽창에 대응하여, 나름대로 조국의 발전과 영광을 위하여, 안으로는 강력한 통치체제를 갖추고, 밖으로는 무수한 전쟁을 통하여 영토를 확장해 갔다. 당시 독일 국민은 히틀러에 열광하였다. 히틀러는 독일의 영웅이었고, 히틀러의 군대는 나치 독일을 떠받드는 '애국'의 병사(兵士)들이었다.

나치 독일의 주변국가 침공에는 나름대로의 논리가 있었다. 강대국들이 독일 주변국가를 선점하면 독일이 위태로우므로, 독일이 선점해야 한다는 조국방위의 논리였고, 주변국가들이 다른 열강의 지배를 받는 것보다는 우수한 독일민족, 위대한 영도자 히틀러의 지배를 받는 것이 낫다는 아전인수적(我田引水的)인 논리였다. 그러므로 나치 독일의 입장에서 보면, 폴란드 침공은 독일의 자위전쟁(自衛戰爭)이었고, 폴란드의 해방전쟁(解放戰爭)이 되는 것이다. 이러한 전체주의 · 군국주의의 논리에서 보면, 이 세상에 침략전쟁이란 존재하지 않고 모두 자위전쟁이고 해방전쟁 만이 있을 뿐이다.

히틀러식의 애국주의는 주변국가들을 파멸시켰고, 주변국가의 무수한 인명을 살상했으며, 결국 독일 자체도 파멸시켰고, 독일 국민에게도 엄청난 고통을 주었다.

히틀러는 독일의 애국자였던가? 애국심을 가지고 행동하면 모두 애국자인가? 당시 히틀러에 열광했던 독일 국민들, 특히 나름대로 애국이라고 생각하고 침략전쟁에 참가하여 전사한 독일 병사(兵士)들을 어떻게 보아야 할 것인가? 그 시각에 따라 역사 인식이 달라지는 것이다.

패전 후 독일의 지도자들은 히틀러와 그 추종자들을 결코 독일의 애국자로 보지 않고, 주변국가와 독일 자체를 파괴한 침략전쟁의 책임자로, 전쟁범죄자로 간주하였다. 그리고 그들은 히틀러에 열광했던 독일 국민과 독일 병사들을 나치즘에 오도(誤導)된 침략전쟁의 희생자로 간주하였다. 그러므로 패전 후 독일의 지도자들은, 나치 독일의 침략전쟁에 대한 진정한 반성을 통하여 새로운 독일을 건설하려고 하였다.

그리하여 독일의 빌리 브란트 수상은 바르샤바에서 무릎을 꿇고 폴랜드인에게 사죄를 하였다.[21] 독일의 체면을 생각하여 어떠한 용어(用語)를 사용하여, 어느 선에서 사과하려는 계산된 사과가 아니었다. 바이츠체커 대통령은 독일인은 "직접 책임이 있거나 젊거나 늙거나를 불문하고, 모두 과거 유산을 짊어져야 한다"[22]고 하여, 과거 침략전쟁에 관계 여부를 불문하고 모든 독일인의 연대 책임도 강조하였다.

그리하여 전후 독일은 나치즘을 배격하고, 평화를 애호하는 새로운 국가로 태어나게 되었고, 독일 국민은 나치즘의 망령을 떨치고 도덕적으로 새로운 국민으로 거듭나게 되었다. 이것은 독일과 나치즘과의 단절을 의미하며, 과거의 청산을 의미한다. 그러므로 주변국가들도 새로운 독일, 새로운 독일 국민과 화해하고 새로운 친선관계를 맺게 되었던 것이다.

한편 종전 후 일본의 정치지도자들은 어떻게 했는가?

지난 50년 동안 일본의 정치지도자들은 기회 있을 때마다, 과거 일본이 주변국가에 가한 고통에 대하여 '유감'의 뜻을 표하였다. 1990면 일본의 천황도 과거 일본이 가한 한국민족의 고통에 '통석(痛惜)의 뜻'을 표한 바도 있다.[23] 그러나 그 유감의 표명은 피해국가의

---

21) 『중앙일보』 1995년 6월 7일자 5면.
22) 『조선일보』 1995년 10월 20일자 6면.

입장에서 보면, 군국주의 일본의 침략행위에 대한 명료한 사과가 아니었고, 다분히 용어와 수준을 조절한 계산된 사과였다. 국제사회의 시선과 일본의 체면을 고려한 애매한 사과였다. 따라서 과거 일본 제국주의 행위가 침략행위인지 애국행위인지가 모호하게 되었다.

한편 일본 정치지도자들은 유감 표시와 동시에, 일제의 침략행위를 정당화하려 하였다. 일찍이 1960년대에 일본의 이케다(池田勇人) 총리는, "일본은 이토 히로부미(伊藤博文)를 본받아 한국에 파고 들어가야 한다"24)고 말했고, 시이나(椎名悅三郎) 외무장관은, "대만을 관리하고, 한국을 합병한 것이 일본 제국주의라면, 그것은 영광스런 것이다"25)고 말했다. 그후에도 많은 일본의 정치지도자들은 일본의 한국합병이 침략에 의해서가 아니고 合意에 의한 것이며, 일본의 식민통치는 한국의 발전에 기여했다고 주장해 왔다.

그 뿐만 아니라, 1995년 종전(終戰) 50주년을 맞아, 일본에는『과거 침략전쟁에 대한 사죄와 부전결의(不戰決議)』에 반대하는 국회의원이 275명에 달하였다.26) 일본 자민당의 '종전 50주년 의원연맹은, "과거 중일전쟁과 태평양전쟁은 서양세력으로부터 아시아지역의 민족과 국가를 지켜 준 해방전쟁이었다"27)고 주장하고 있다. 과거의 피해국가의 입장에서 볼 때, 이러한 주장은 과거의 청산을 외면한, 과거 군국주의의 부활로 보여진다.

독일은 신속히 과거를 청산하여 주변국가와 친선관계 · 신뢰관계를

---

23)『중앙일보』1993년 11월 5일자 4면.
24)『조선일보』1995년 10월 19일자 2면과 1995년 10월 20일자 6면.
25) 李元德,「일본 정치지도자들의 '망언'과 일본정계」, 앞의『韓國史市民講座』 19, p. 101.
26)『조선일보』1995년 3월 9일자 4면 ;『중앙일보』1995년 3월 15일자 6면 기사에는 不戰決議에 반대한 국회의원이 252명으로 집계되어 있다.
27)『중앙일보』1995년 2월 27일자 7면.

회복했는데, 왜 일본은 과거를 청산하지 못하고 있는가? 그것은 한 마디로 말해서, 과거의 침략행위에 대한 역사인식의 차이 때문이다. 전후 독일 지도자들은 과거 나치독일의 행위를 침략행위로 규정하고, 일찍이 나치즘을 부정하여, 독일국민과 나치즘을 단절시킴으로써 과거를 청산했다. 그러나 전후 일본지도자들은 과거 일본 제국주의의 행위를 침략행위로 규정하지 못하고, 군국주의를 부정하지 못하여, 일본 국민과 군국주의를 단절시키지 못함으로써 과거를 청산치 못한 것이다.

독일의 정치지도자들은 독일 국민을 과거의 나치즘과 단절시켰는데, 왜 일본의 정치지도자들은 일본 국민을 과거의 군국주의와 단절시키려 하지 않는가? 그 이유는 독일 정치지도자들은 그 뿌리가 나치즘과 단절되어 있으나, 일본 정치지도자들은 그 뿌리가 군국주의와 연결되어 있기 때문이라고 생각되어진다.

그러므로 한국의 다수 지식인들은, 양식있는 일본의 다수 국민, 특히 다수 지식인들이 신군국주의적 경향을 배격하여, 일본이 세계인의 냉소받는 군사대국·정치대국을 지양하고, 경제대국에 걸맞게 세계인의 신뢰를 받는 도의대국(道義大國)이 되기를 기대한다.

Ⅲ. 한일우호협력을 위한 제언

이제까지 우리는 근대 한일관계를 어떻게 보아야 할 것인가에 대하여, 한국인의 시각에서 살펴보았다. 한일관계를 되돌아보는 것은 결코 과거 일본의 잘못을 비판하기 위한 것이 아니다. 일본의 빈번한 사과에도 불구하고, 왜 한국인들이 일본에 대한 원한을 풀지 않고 있는가를 일본인들에게 알려서, 한일 양국이 "가깝고도 가까운 나라"가

되도록 하기 위해서이다.

한일우호협력의 기초는 상대국을 보는 시각의 전환에 있다고 생각된다. "역지사지(易地思之)"라는 말이 있듯이, 일본인들은 "만일 과거에 일본의 황후가 한국공사 지도하의 한국인에게 살해되었다면, 또한과거 한국의 지배하에서 일본의 여성들이 한국군위안부로 끌려갔다면, 일본인의 감정은 어떠할까?" 입장을 바꾸어 생각할 필요가 있다. 그리고 일본인의 식민통치은혜론(植民統治恩惠論)은 한국에 반일감정을 일으킬 뿐, 일본에 아무런 도움이 되지 않는다.

한편, 한국인들은 과거의 일제(日帝)와 현대의 일본(日本)을 구별하여, 과거 일본 제국주의의 잘못을 비판할 수는 있겠지만, 과거 때문에 일본인 모두를 문책해서는 안될 것이다. 과거 일본국민의 대부분도 <일본 제국주의의 희생자>였기 때문이다. 그리고 한일 양국의 수뇌가 과거 청산의 공동선언문을 발표했으므로, 한국인들은 이 이상사죄문제를 거론해서는 안된다고 본다. 그것은 일본인들에게 혐한감정(嫌韓感情)을 일으키게 할 뿐이다.

그러나 "맺은 자가 풀어야 한다"는 말이 있듯이, 일본은 세계의 대국(大國)답게, 과거 한국에 대한 가해국(加害國)으로서, 피해국 한국국민의 마음을 열게 하기 위한 상징적 조치를 취하는 것이 바람직하다고 생각한다. 그것은 일본이 1905년의 소위 「한일보호조약」과 1910년의 소위 「한일합방조약」이 일제의 침략과 강제에 의하여 체결된역사적 사실을 솔직히 인정하고, 그 조약의 원천적 무효를 인정하는것이다. 그 대신 한국은 일제의 식민통치에 대한 경제적 배상을 별도로 요구하지 않아야 한다. 역사적인 부채(負債)는 돈으로서 청산될수 없는 것이며, 미래의 거울로 삼아야 하기 때문이다.

이러한 기초 위에서, 한일 양국간에 반일(反日)과 혐한(嫌韓)의 감정을 초월하여 진정한 신뢰관계가 수립되리라고 생각된다. 또한 일본이 과거의 군국주의적 침략행위를 애국적 행위라고 생각하지 않고, <인류에 대한 죄악>이라고 명확히 표현할 때, 주변국가로부터 신뢰를 회복할 수 있을 것이다. 그리고 세계의 모든 국가가 나치즘과 군국주의를 <인류 공동의 적>으로 간주할 때, 진정한 세계의 평화와 인류의 공존공영이 가능할 것이다.

그리고 한국과 일본의 우호협력에는, 국경을 넘는 인간애(人間愛)가 필요하다고 생각한다. 상대국의 사람들도 기쁨과 슬픔을 똑같이 느끼는 같은 인간으로 보는 마음이 필요하다. 현대의 세계는 지구촌이라 불려진다. 선진국은 지구촌의 <어른>이다. 마을의 어른은 자기 아이 뿐만 아니라, 마을의 아이들도 돌보아 줄 책임이 있다. 일본은 선진국으로서 세계 제2위의 경제대국이다. 그러므로 일본은 <지구촌의 어른>으로서 일본국민 뿐만 아니라, 세계 인류의 공존공영을 위하여 특히 동아시아의 공동발전을 위하여, 경제대국에 합당한 책임감을 가져야 한다. 그것이 존경받는 세계의 지도국이 되는 길일 것이다.

"비가 온 뒤에 땅이 굳어진다"는 속담이 있다. 한국과 일본이 과거 역사를 거울삼아, 21세기에는 공동번영의 동반자(同伴者)가 되기를 마음으로부터 기대한다. 이것이야말로 미래지향적인 역사인식이라고 확신한다.

제6장 21세기 한일관계의 새로운 모색

Ⅰ. 반일감정과 혐한감정의 악순환

"일본의 식민통치하에서 한국이 근대화되었다"는 이른바 「식민지 근대화론(植民地近代化論)」은 한일관계에 있어 하나의 쟁점이 되어 왔다. 일본의 보수적 지도층이나 일부 일본국민은, 일본의 식민통치가 당시 한국의 근대화에 도움을 주었고, 해방 후 한국의 산업화와 경제성장에도 기여했다는 의식을 잠재적으로 가지고, 은근히 일본의 식민통치에 정당성을 부여하려는 경향이 있다. 그러나 한국인들은 물론 양식있는 일본 지식인들은, 일본의 식민통치가 일본의 이익을 위한 산업정책 하에서 어느 정도 식민지 한국을 근대화했다 하더라도, 한국의 전통을 파괴하고 한국민을 수탈하여, 일본 식민통치하의 한국 근대화가 식민주의(植民主義)라는 부정의(不正義)를 정당화할 수 없다고 생각하고 있다.

그리고 중요한 사실은 식민통치하의 근대화와 식민통치의 정당화는 전혀 별개의 문제란 점이다. "일본의 식민통치가 당시 한국의 근

대화에 도움이 되었다"고 가정해도, 그것이 일본의 한국지배를 정당
화할 수는 없는 것이다. 가난한 이웃집을 강제로 점거한 사람이, "우
리가 당신들의 생활을 향상시켜 주었으니, 우리의 당신집 점거 관리
는 정당하다"고 하면, 누가 수긍하겠는가? 일본인들의 「식민지근대화
론」이나 「식민통치은혜론」 등은 한국인들의 「식민통치비판론」에 대
한 자기 방어의식의 산물이라고 할 수 있다.

세계 제2차 대전 종전 후 미국점령군의 일본통치는 대단히 관대한
것으로 평가된다. 그렇다고 해도 미국점령군의 일본통치는 관대했고,
일본의 민주주의 발전에 기여했다는 「미군정민주화론」이나 「미국통
치은혜론」을 미국인들이 주장한다면, 일분인들은 과연 좋은 감정을
가지게 될 것인가? 하물며 한국을 침략하여 강제로 병합하고 그 정
당성을 주장한다면, 한국민의 자존심을 상하게 하여 반일감정(反日感
情)을 증폭시킬 뿐이다. 그러므로 한일간의 우호협력을 원한다면, 일
본인들이 한국에 대한 「식민지근대화론」이나 「식민통치은혜론」을 주
장해서는 안될 것이다.

많은 사람들이 21세기를 향하여, 한일관계의 새로운 패러다임이
모색되어야 한다고 말한다. 그것은 말할 필요도 없이 20세기의 한일
관계가 바람직하지 못하였기 때문이다.

한국과 일본은 '숙명적'인 이웃 나라, 지리적으로 가까운 나라이지
만, 감정적으로는 대단히 먼 나라이다. 그 이유는 한국과 일본의 과
거사 때문이다. 한국인들의 <반일감정>의 근본 원인은 과거 일본의
한국침략과 식민통치에 있다. 그러나 그보다도 해방 이후, 한국침략
과 식민통치에 대한 일본측의 형식적이고 계산된 사과와, "일본의 식
민통치가 당시 한국의 근대화에 도움이 되었다"는 「식민지근대화론」
이나 「식민통치은혜론」이 한국인들의 반일감정을 더욱 증폭시켜 왔
다. 따라서 한국측은 과거에 대한 일본측의 진정한 사과와 반성을 거

듭 요구했 왔고, 한국인들의 계속적인 사과와 반성의 요구는 일본인들에게 한국을 혐오하는 <혐한감정(嫌韓感情)>을 일으켜서 한일간 갈등의 악순환이 되어 왔다. 다분히 민족 감정에 기초한 이러한 한일간의 갈등은 한일 양국에 전혀 도움이 되지 못하였다.

Ⅱ. 과거지향에서 미래지향으로

이러한 한일간의 만성적인 갈등을 지양하고 새로운 관계설정을 하기 위해서는 어떻게 해야 할 것인가?

무엇보다도 양국민의 사고(思考)의 일대 전환이 필요하다고 생각한다. 대체로 한일문제는 논리 이전에 민족감정이 문제이므로 민족감정의 해소로 풀어가야 한다고 본다. 이제까지 한국인들은 민족감정을 가지고 과거 일본의 잘못을 공격하며 사과를 요구해 왔다. 이에 대하여 일본인들은 비록 그 잘못을 인정한다 하더라고, 역시 민족감정에 의하여 일본의 잘못을 방어하며, 오히려 식민통치가 한국에 도움도 되었다고 역습해 오기도 했다. 이러한 방식으로 한일 양국민의 감정적 앙금을 해소한다는 것은 전혀 기대할 수 없을 것이다.

그러나 방식을 달리하여, 일본의 빈번한 사과에도 불구하고, 왜 한국인들이 일본에 대한 과거의 원한을 풀지 않고 있는가를 상식적이고 인간적(人間的) 차원에서 이야기하면, 일본인들은 의외로 순수하게 마음으로부터 과거의 잘못을 반성한다는 사실을 필자는 누차 체험을 통하여 확신하고 있다. 그러므로 한일문제는 <공격적인 민족감정>이 아니고, <상식적인 인간정서>로 풀어가야 한다고 생각한다.

또한 나는 한일 양국민이 한일간의 과거 역사를 과거지향적이 아니고, 미래지향적으로 인식해야 한다고 강조하고 싶다. 일본을 질책

하는 식으로 과거에 대한 반성을 강요할 때, 일본인들이 이에 순순히 응할 리가 있겠는가?

과거에 강대국 일본의 주변국가에 대한 침략전쟁과 식민통치에 의한 일차적인 희생자는 약소국 주변국가의 국민들이었다. 그러나 더 강대한 힘을 가진 미국의 원자탄공격과 전시 동원 등에 의하여 일본 국민들도 처참한 희생을 당했다. 우리는 침략국가 일본의 국민들도 침략전쟁의 희생자가 되었다는 사실에 주목할 필요가 있다. 여기에서 침략전쟁이란 양쪽 국민 모두를 희생시키는 행위이고, 침략전쟁의 주도자는 「만인 공동의 적」이라는 인식을 양식있는 한일 양국인들이 공유할 수 있게 된다. 따라서 일본의 주변국가에 대한 침략전쟁과 식민통치는 과거(過去)에 대한 사과의 문제에 그치는 것이 아니고, 일본 스스로도 재난을 피하는 미래(未來)의 교훈으로 받아들여야 한다는 데 의견을 같이할 수 있을 것이다. 한국인들이 일본의 침략과 식민통치 문제를 일본에 대한 공격 무기로 삼으면 일본인들이 반발할 수 있으나, 미래의 평화를 모색하는 귀감으로 제기하면 일본인들도 수긍할 것이다.

한편 일본인들도 과거의 군국주의적 <침략행위>를 <애국행위>로 미화하려 하지 말고, 인류에 대한 죄악이라고 명확히 인식할 때, 주변국가로부터 신뢰를 회복할 수 있다는 사실을 명심해야 할 것이다. 그리고 전 세계가 나치즘과 군국주의(軍國主義)를 <인류 공동의 적(敵)>으로 간주할 때, 세계의 진정한 평화와 인류의 공존공영이 가능하다는 사실을 강조할 필요가 있다. 과거의 침략문제에 대한 거론을 과거의 책임을 추궁하기 위한 목적으로부터, 미래의 평화 정착을 위한 목적으로 승화시키는 것이 <미래지향적 역사인식>이라 할 수 있겠다.

Ⅲ. 적대적 대결에서 우호적 협력으로

흔히 한국인들은 과거 한국은 일본보다 높은 수준의 문화국가로서, 일본에 새로운 문화를 전파해 주었는데, 일본은 번번이 침략으로 보답했다고 하여, 일본을 배은망덕(背恩忘德)한 나라라고 생각한다. 반면에 일본인들은 태고 때부터 일본과 한국은 한 집안과 같은데, 일본이 부유한 본가(本家)라면 한국은 가난한 분가(分家)라고 생각하기도 한다.

한일 양국은 대체로 서로 형제국으로 보는데, 자기쪽이 형이라고 생각하는 것이다. 따라서 한일 양국민은 스포츠 경기에서 보여 주듯이, 모든 분야에서 "일본만은 꼭 이겨야 한다", "한국만은 꼭 눌러야 한다"는 대결의식을 가지고 있는 것이 사실이다. 그것은 <선의(善意)의 경쟁의식>이 아니고 <적대적(敵對的) 대결의식>이라 할 수 있다. 마음에 적대감을 가지고 진정한 협력이 가능하겠는가?

오늘날은 어느 때보다 지역협력이 중요시되고 있다. 숙적인 프랑스와 독일도 상호 이익을 위하여 손잡고 나가고 있다. 더욱이 2002년 월드컵 축구 공동주최를 눈앞에 둔 한일 양국은 적대적 대결의식을 버리고 <우호적(友好的) 협력의식>을 가져, 공동 승리의 동반자가 되어야 할 것이다.

결론적으로, 21세기를 향하여, 한일 양국이 공동승리의 동반자가 되기 위해서는 한일 양국민의 사고(思考)의 틀을 전환해야 한다고 본다.

첫째로, 한일 양국민은 상대방에 대한 민족적 차원의 공격과 방어를 인간적 차원의 이해(理解)로 전환시켜 <반일(反日)·혐한(嫌韓)감정>을 해소해야 할 것이다. 둘째로, 한일 양국민은 한일관계에 있어 과거지향적 역사인식을 미래지향적 역사인식으로 전환하여 침략반대·평화정착의 길로 나가야 할 것이다. 셋째로, 한일 양국민은 상대국에 대한 적대적 대결의식을 우호적 협력의식으로 전환하여 공존공영의 길로 나가야 할 것이다.

第 2 部　日本語篇

第1章 韓国人は日本をどう見ているのか

はじめに

　私は、大学時代の1964年に、屈辱的な日韓会談に反対するデモを扇動して、当時、軍事政権によって内乱罪で拘束起訴され、3ヶ月間刑務所生活を暮したことがある。その時、韓国の大学生は反日教育によって反日感情が強かった。その後、私は日本に深い関心を持って、1976年に国史編纂委員会の編史研究官として日本へ行き、東京韓国研究院で7ヶ月くらい滞在したことがある。7ヶ月間の日本滞在は、私の日本観を転換させた。また、1998年には「日韓歴史教科書の相手国認識」というテ-マを持って、日本の明治学院大学で1年くらい研究をした。日韓関係に対する私の結論は、両国は宿命的な隣国であり、両国の友好協力が相互のために大変有益になるということである。

　韓国人が日本をどう見ているのかは、一律に言うことは出来ない。それは人それぞれだからだ。韓国人の中には、日本に多くの関心を持っている人もいるし、全く関心を持っていない人もいる。日本に好

感を持っている人もいるし、悪意を持っている人もいる。このように韓国人の日本に対する見方は人によって違う。

さて、韓国人たちが日本について持っている共通観念がないことではない。その共通観念をいくつに分けて考えて見よう。しかし、韓国人の日本に対する共通観念には事実に基づかない先入観もある。

I . 経済大国の日本

韓国人が日本を経済大国として見ていることは異論の余地がない。日本は、西洋の先進7ケ国の一員であり、アメリカに次いで、世界第2位の経済大国である。また、日本は製造業分野においてはアメリカを追い越す技術先進国であり、アジア経済圏の中心的国家である。

したがって、韓国人は、日本の経済発展を羨望し、韓国と日本との経済的隔たりに対して劣等感を持っている。多くの韓国人は、日本の経済発展の要因が日本人の勤勉性にあると見ているが、一部の韓国人は、日本の経済発展は朝鮮戦争の特需のお陰であり、即ち、アイロニーであるが、韓国の不幸の所産であると考えている。

また、韓国人は、日本の先進的科学技術を導入し経済発展すべきだと思っているのに、日本は韓国への技術移転をちゅうちょし、むしろ韓国の経済成長を牽制していると考えている。

しかし、一般の韓国人は、日本との協力によって韓国の経済発展するのを期待し、日本を経済発展のモデルとして見ている一方、将来には韓国が経済面で日本の競争相手になりたいという希望を持っている。

Ⅱ。精神小国の日本

　過去、世界各国の人々から、日本人はエコノミックアニマルと呼ばれたことがある。何故ならば、第二次大戦敗北後、日本人は戦後の復興の過程で、金を稼ぐためには、何でもするという姿勢を見せ、経済発展後も、さらに形振りかまわず経済発展に邁進しているように見えたからだ。

　今日、アジアを支援する国連の支援金の中、日本の分担金がアメリカより多いので、日本が世界第二位の経済大国としての責任を充分担っているという評価もある。しかし、アジア諸国に対する日本の援助は人道的見地からではなく、日本がアジア地域への経済的進出を狙っているという批判もある。

　一方、韓国人は、日本が過去の誤りに対して、心から反省と謝罪をする勇気がない小国であると見ている。過去、日韓関係が不幸な関係にあったのは、日本の韓国侵略と植民統治にその根本原因がある。しかし、その不幸な関係が容易に解消出来なかったのは、韓国侵略と植民統治に対する日本側の心からの反省と謝罪の意識がなかったためだ。韓国人は、侵略行為よりも侵略に対する反省の不在が日韓関係の障壁となっていると思っている。

　第二次大戦中、ドイツは六百万人のユダヤ人を虐殺する等、日本よりもっと残酷な行為をした。しかし、戦後ドイツ首相のビリ・ブラントは、ポーランドのワルシャワで跪いて謝罪をし、大統領のバイツチェッカは過去に対するドイツ人すべての責任の所在を明らかにすることにより、隣国との信頼を回復した。一方、日本はそれが出来なかったので精神小国だと批判されている。

　また、日本の学者たちは韓国文化の日本への影響に軽視する傾向がある。日本の学者たちは、中国文化が日本へ直接影響をあたえたことは容認するが、しかし、韓国文化が日本へあたえた影響は出来るたけ間接的に表現するか、過小評価しようとする。例えば、日本へ渡って文化的に多くの影響をあたえた韓国人を韓国人と表現せずに渡来人と言う。これも日本が精神小国として卑下される理由のひとつになる。

　中国は少数民族の伝統文化を尊重する。中国の東北地方の朝鮮族自治州に行くと、大部分の看板が上には韓国語で、下には中国語で書かれているし、街で出合う三人のうち二人とは韓国語で通じることが出来る。あたかも、そこが韓国のある地方だと勘違いする程である。のみならず、多数民族である漢族には子供を一人だけ産ませうに制限し、少数民族には二人の子供を産ませることを許している。それは少数民族に対する優遇政策である。

　日本はどうか。日本は植民地時代に韓国語の使用を制限し、神社参拝を強要した。そして血縁を尊重する韓国人にとって絶対に受け入れ難い創氏改名まで強要した。それは韓民族抹殺政策であった。いまも在日朝鮮人は正当な待遇を受けていない状態である。したがって、今も続く日本の不条理な少数民族政策も日本が精神小国とみなされる理由になっている。

　そのゆえに、ある韓国人は、今も「日本はやっぱり島国であり倭国である」と見て、軽蔑感を持っているし、その一方、自らの近代以前の韓国文化に対して優越感を持つ傾向がある。

Ⅲ。富国貧民の日本

　韓国人と日本人を比較して見れば、経済感覚において不思議な点がある。世界第二位の経済大国である日本の中には、自ら豊かな生活をしていると感じている人はそれほど多くはないようが、日本より経済水準の低い韓国の中には、自らは豊かな生活をしていると考えている人が多い点がそれである。日本のテレビも、日本人の現在の豊がな生活を見せてやることよりは、未来の豊かな生活に対する夢を話すことが多い。

　豊かに暮らすと言うことは何だろうか。伝統的に韓国人にとって、豊に暮らすということは、普通衣食住の生活の充実を意味する。

　日本の大都市を短期間旅行した韓国人、そして彼らの話しを聞いた韓国人は、「日本は韓国より金持ちの国であるが、日本人は韓国人より貧しく暮している」と判断する場合が多い。それは日本国民の質素な性格に起因するのか、そうでなければ、日本人が貧困であるためなのか。

　表面的に日本の大都市を見ると、公共建物は大規模であるが、マンションや住宅など生活の空間はとても狭く感じられる。東京の場合、25坪(82.5㎡)のマンションは中型と見なされているようだが、ソウルの場合には30坪(99㎡)から40坪(145㎡)ぐらいのマンションが中型に分類される。ソウルでは50坪(182㎡)以上なら大型マンションと呼ばれる。住宅に住んでいる一般サラリーマンの場合にも、東京人よりソウル人がもっと広い空間で生活しているように感じられる。

　そして、韓国人が日本旅をする時、一般食堂での食卓はあまりにも簡素だと感じられる。日本の一般家庭に招かれた場合の食卓も韓国よりは簡素だと感じられる。韓国の食堂や招待された一般家庭での食卓

は豊かで品数が多い。恥かしいことであるが、韓国は残飯ごみも世界
でいちばん多いと言われる。とにかく、韓国人は、少なくとも食べ物
においては日本より豊かだと思っている。韓国人が収入に比べて食べ
すぎたり飲みすぎるのは事実である。歴史的に貧困な暮しをして来た
韓国人は、食べ物に関心が深い。過去韓国人のあいだでは、「食事を
しましたか」という挨拶があったくらいである。

　日本の東京の銀座や新宿へ行くと、ぜいたくな服を着ておしゃれを
する女性を沢山見ることが出来る。しかし、一般的に日本の人々の服
装は質素に見える。それに比べて、韓国では、特に女性の華美な服装
は韓国人の目にも度が過ぎると見える。韓国人は体面を大切にし、外
見で人を評価する傾向があるので、身の程を知らずに身なりを飾る。

　日本人の質素と韓国人の華美、それが事実だとすれば、それは両国
の伝統的な生活習慣と関係があると思われる。人間において衣食住の
生活外に生き方の質(quality　of　life)が大切だと思われる。韓国人は、
みずから外面的に見える韓国人の豊かな生活と日本人の質素な生活を
見て、日本は'富国貧民'の国であると考え、韓国は比較的に国貧民富の
国であると考える傾向がある。そして、韓国人は、個人生活の豊かを
もって(それが事実であるかどうかは分らないが)、日本に対する経済面
での国家的劣等感を相殺しようとしている。

Ⅳ。清潔親切の日本

　私は1976年、はじめて日本へ行き、7ヶ月くらい滞在したことがあ
る。その時、私は大通りから狭い路地まで、都市から地方まで奇麗に
片づいた日本の様子に好感を持つようになった。そして、ある薬屋で

スキンローションとミルクローションを買おうとすると、「夏にはミル
クローションは要らないから、スキンローションだけを買ってください
」という薬剤師の話に感動したことがある。この場合、韓国では買い
物を勧めるだけだと思たからだ。

　朝早く、東京の町を散歩すると、愛犬をつれて歩いている人が沢山
いる。その折、かれらは、必ず、ビニールバッグなど、なにか犬の糞を
入れる袋を持っている。ソウルにも愛犬と一緒に散歩する人は多いが、
犬の糞を片付けるための袋を持っている人はほとんど見かけない。こ
れが日本人と韓国人の清潔観念の差である。

　何年か前に、日本を訪ねた時、慶応大学の近くにある食堂で800円の
食事を注文したが、「600円のランチスペシャルがそれと同じですから
600円の方を注文していただけませんか」という主人の話に新鮮な衝撃
を受けたことがある。

　一方、幾日か前の朝鮮日報の「教養がある世界人になる道」という
コラムで、ある韓国人が日本で車を運転していた途中、ガソリンがな
くなって困っていた時、ある日本人の老夫婦の献身的な助けを受けて
から、日本人に対する悪い感情を捨てるようになったと言う記事を読
んだことがある。1998年、私が日本で約一年の研究休暇を過している
時、日本をしばしば訪れた家内が、「日本の人々は外国人にだけ親切
にするのではなく、自分達同士にも親切にするようだ」というのを聞
いて、「私もそう思っている」と答えたことがある。

　清潔と親切、それは日本人の代名詞のようだ。反日感情を持ってい
る多くの韓国の人々が日本人の清潔と親切によって日本観を転換した
人も多い。韓国人が日本から学ぶべきことは多いが、その中で、清潔
と親切は是非模範とすべきだと思う。

V. 警戒対象の日本

日本人をどう見るべきか。日帝の植民地時代を経験した人々は、「日本人は残酷だ」と考える。しかし、日本人の親切で穏やかな身のこなしを見ると、「日本人が残酷だ」と言うことは難しい。

韓国人は、「日本国民は羊の様だ」と思う。日本人は正直な面があり、羊のように従順だ。一人では不安を感じるので、群れることで安心する羊のようだ。しかし、従順な羊の群れが何か危険を感じて、前の羊が疾走すれば、すべての羊の群れは先頭の羊にしたがって全力で疾走する。猪突的に突進する羊の群れは非常に威嚇的であり、それを阻止するのは難しい。

一方、韓国人は、「日本の政治指導者たちはキツネの様だ」と思う。日本の政治指導者たちは政治的目的のために、右翼と連携して、まるで日本が危ない状況にあるかのことく国民を煽動する。従順な日本国民が右翼的な政治指導者たちに導かれれば、日本は何処へ行くのか。それは新軍国主義の道ではないかと韓国人は憂慮している。

1998年8月初旬、日本の国会は国旗・国歌法を定めた。8月15日に、日本の右翼団体は、侵略戦争のA級戦犯者たちの位牌を安置した靖国神社で、大型の旭日昇天旗を掲げて戦歿軍人の追悼式を行った。

多くの韓国人は、終戦後50年以上、日本が国旗と国歌もなしに過ごして来たのを不思議に思う。すなおに見れば、日本の国会が国旗・国歌法を制定したのは当然なことである。しかし、問題はどんな国旗と国歌であるかにある。「日の丸」と「君が代」は日本帝国主義の象徴であり、周辺国家に対する侵略の象徴である。

考えて見ると、日本の政治指導者たちが国旗・国歌の制定時期を延

ばして来た理由は簡単だ。かれらは、「日の丸」と「君が代」以外の
国旗・国歌を想像したこともなかったし、「日の丸」と「君が代」を
国旗・国歌として定めようとする時機を狙っていたのだ。そうするう
ちに、今日、日本の国力にあずかって、その目標を達成するようにな
ったのだ。それゆえに、韓国をはじめ、日本の周辺国家は、日本の国
旗・国歌の制定が日本軍国主義の復活ではないかと憂慮している。

　江戸・東京博物館に行くと、太平洋戦争の当時、アメリカ軍による
東京大空襲の悲惨な場面をビデオで見ることが出来る。このビデオを
見れば、まるで日本が第二次大戦の被害国のように感じられる。とこ
ろが、なぜこのような悲惨な空襲が起きたかの原因について、どうし
て説明がないのかが疑問である。また、毎年8月になると、広島で被爆
者に対する追悼式と平和を祈る大規模な集会が開かれる。1999年には
被爆者たちの詩を朗読する集会も日本とアメリカで開かれた。しか
し、やはり原爆が投下された原因については何等の言及もない。

　言語に絶する原爆の惨状から平和運動を展開するのは当然なことで
あろう。しかし、外国人、特に日本侵略の被害者であった韓国人の立
場でから見ると、日本が東京大空襲と広島原爆の被害だけを浮彫りを
しないで、その惨状の原因が日本帝国主義の侵略戦争にあったことを
日本と世界の人々に説明し、「これから日本は決して侵略戦争を引き
起こさない」という決意を見せるのが、真情な平和追求の姿勢ではな
いかと思われる。

　しかし、最近、日本の政治指導者たちは、過去の侵略戦争について
反省するよりも、日本の戦争被害状況を浮彫りさせ、大東亜戦争が侵
略戦争ではなく、東アジア解放のための戦争であったと主張してい
る。このような姿勢は日本の周辺国家をして、日本が再び軍国主義の
道へ進むのではないかと疑いを持たせる。

おわりに

　日本と韓国は地理的に近い国である。歴史的にも文化的にも近い国である。韓国人は、「古代から近世にいたるまで、韓国が日本に新しい文化を伝えたのに、日本は韓国に侵略で返して来た」と見て、日本を「背恩忘徳の国」(即ち、恩義に背く、恩知らない国)と思っている。そして、日本国内の植民統治恩恵論と日本の韓国植民統治に対する形式的な謝罪に不満感を持っている。それゆえに、日本と韓国は感情的には遠い国である。

　しかし、国家間の協力が強調され、特に地域間の協力が強調されている今日、そして、2002年サッカのワールドカップを共同主催する日本と韓国との友好協力は以前よりも切実に感じられる。即ち、日本と韓国は「近くて遠い国」から「近くて近い国」になるのが切実に必要だ。そうするためには、両国民がより頻繁に交流し相互理解を促進することが大切だ。

　特に、「結んだ人が解くべきだ」という言葉があるように、過去の加害国として日本の態度が重要だ。日本が過去について頻繁に謝罪するのが重要なことではなく、重要なのは、日本人が、「過去の侵略行為は隣国にも日本にもとっても悪かった」という意識を持つのである。そして、日本が反侵略の平和主義路線を全世界に宣言し、隣国と信頼を回復するのが未来志向的な選択であろう。

　過去は一方が勝つと他方は負けるだけの、win(勝ち)-lose(負け)の時代であったが、現代は双方が勝つか、双方が負けるかのwin-win、lose-loseの時代である。われらは、21世紀にむけて、日本と韓国がwin-winのパートナー、即ち、共同勝利の共有者になることを期待する。

第2章 韓末 愛国啓蒙言論の日本認識

はじめに

　日本は、1854年の門戸開放と1868年と明治維新を契機として、果敢な西欧化・近代化政策の推進に成功して国力を培養し、西欧の帝国主義的な侵略政策を踏襲して、朝鮮半島と満洲に向けた大陸進出政策を推し進めた。日本は1894～95年の日清戦争に勝利して、遼東半島の割譲と朝鮮半島の支配権を手にしたが、ロシアなどの三国干渉によって朝鮮半島から一時的に後退することを余儀なくされた。

　しかし、日本は、1900年の清国の義和団事件とロシアの満洲占領を契機に大陸進出政策を強化し、1904～1905年の日露戦争を勝利へと導いて、朝鮮半島支配の足場を固めた。日本は、日露戦争をきっかけに、朝鮮半島を軍事的に占領していく中で、東洋三国連帯論と東洋平和論を掲げる一方、他方では、乙巳条約と合邦条約を強要して大韓帝国を保護国とし、さらには植民地とした。

　本稿は、日本帝国主義の侵略と韓民族の抵抗で綴られた1900年代の大韓帝国末期を日露戦争前後期・乙巳条約前後期・丁未条約前後期・

伊藤被殺前後期の四つの時期に分けて、当時の愛国啓蒙言論である『皇城新聞』と『大韓毎日申報』の日本に対する認識を探ってみることとする。特に、二紙の対日認識の違いがどの程度あるのか、二紙が主張する東洋平和論の意図は何なのか、二紙の主張が帝国主義の本質をどの程度理解した上でなされたのか、という点に留意することとする。

Ⅰ. 日露戦争(1904) 前後期の日本認識

1900年を前後して、日本人は、日本とロシアの対決を、東洋と西洋の対決、または黄色人種と白色人種の対決につくりあげ、東洋の黄色人種が連帯して西洋の白色人種勢力を抑え、東洋平和を維持せねばならないという 東洋三国連帯論、東洋平和論を大きく宣伝した。その一方で日本政府は、1903年12月30日に議決した対韓方針で、韓国を「実力で」そして「可能な限り大義名分の立つ方法で」日本の支配下に置くことを決定し、日露開戦以後の1904年5月14日に議決した対韓方針では、適当な時期に韓国を日本の「保護国」とするとか、または日本に「併合」することを決定した。[1]　こうした方針に従って、日本は、1904年2月8日に日露戦争を挑発するや、4個大隊の「韓国臨時派遣隊」でソウルを占領し、日韓議定書を強要して、表面的には大韓帝国の独立と領土の保全を約束しながら、韓国の施政改善に対する忠告権と、韓国内での軍事作戦権を奪取していった。[2]　続けて日本は、3月に、韓

---

1) 董德模「韓國と20世紀初頭の國際關係」『韓國史』19（國史編纂委員會、1976）pp. 27-28。
2) 尹炳奭「日帝の韓國主權侵奪過程」『韓國史』19（國史編纂委員會、1976）pp. 115-116；白鍾基『韓國近代史研究』（博英社、1981）pp. 346-347。

国臨時派遣隊を6個大隊を超える「韓国駐箚軍」に拡大改編し、9月まで
でこれを2個師団に増員配置して、事実上韓国を軍事的に占領した。[3]
こうした日露戦争前後期の『皇城新聞』と『大韓毎日申報』が、日本
をどのように認識していたのか、探ってみることとする。

(1) 日露戦争前後期の『皇城新聞』の日本認識

　大韓帝国末期の愛国啓蒙紙である『皇城新聞』は、1900年に起きた
清国の義和団の乱は「東洋の禍根」であり、清国が廃墟となれば黄色
人種が危うい[4]という考えから、白色人種であるロシアの南下政策によ
る黄色人種国家の共同の危機意識を感じて、人種主義的な　防俄(露)論理
を張った。また、同『新聞』は、列強の清国に対する野望によって「韓
国も危機に直面しており、特に日本の植民政策に警戒しなければなら
ない」[5]として、満洲と朝鮮半島に向けたロシアの南下政策だけでなく
、日本の大陸進出政策にも警戒意識を表した。
　従って、『皇城新聞』は清国の義和団事件を契機としたロシアの満
洲出兵と、これに対応する日本の大陸進出政策に注目し、東洋三国の
「唇歯之勢」と日本が主張する東洋平和論を根拠に掲げて、「韓国は
日本の勢力下に、満洲とロシアの保護下に置こう」という日本とロシ
ア間のいわゆる「満韓交換論」を批判した。[6]『皇城新聞』は、日本と
ロシアから韓国の独立を保障するための論理として、東洋三国唇歯論

---

3) 白鍾基、前掲『韓國近代史研究』pp. 347-348 ; 尹炳奭、前掲「日帝の韓國主權
　　侵奪過程」pp. 115-119。
4)『皇城新聞』1900年6月23日付「答疎齋先生書」。
5)『皇城新聞』1900年8月8日付「韓清危機」。
6)『皇城新聞』1901年8月28日付「卞滿韓交換說」; 1903年6月30日付「辨日俄密約
　　成立之說」。

と東洋平和論を活用したのである。

　『皇城新聞』は、1900年代初期に日本と日本人に対し、①　日本人の韓国への自由な移民は、韓国の鉱業的・農業的・商業的利益を得ようとするところにあり、7)　②　日本の第一銀行券の韓国内での流通は、韓国の財政を日本に譲与するものであり、8)　③　日本による韓国の経営は、農業・鉱山・魚塩・山林・製造業・貿易業など諸般の利益をはかるためのものとして、9)　既に日露戦争以前に、日本の韓国に対する各種の利権奪取と経済的な侵奪に批判的な視角を持っていた。

　しかし、『皇城新聞』は日露開戦を前後して、

　　　満洲を失うことは、我が国と中国にとって危険であり、それは、間違いなくロシアの東洋への勢力拡大を招き、日本の存亡もこれにかかってくる。従って、日本は戦わざるを得ない。10)

として、日本の日露戦争開戦は、満洲と朝鮮半島そして日本自身を守ろうとする防禦戦の性格を持つものと認識していた。また、同『新聞』は、ロシアは満洲を呑み込み、朝鮮北部を割譲して、東洋全体を自分の版図の中に入れようとしており、日本はたとえ自国の利益を擁護して、東洋の覇権をつかもうとしてはいても、それは韓国と清国の領土を保全するための開戦であり、従って「扶我者」日本と親しくして、「侵我者」ロシアを遠ざけるのは当然であると主張した。11)　このよう

---

7)『皇城新聞』1901年12月23日付「論日本政府移民法改正」；　1902年1月28、29日付「辨朝鮮新報辨妄之謬」。
8)『皇城新聞』1903年2月17日付「警告政府」；　1903年3月2日・4日付「辨朝鮮新報銀行券性質」。
9)『皇城新聞』1903年4月11日付「辨朝鮮新報銀行券性質」。
10)『皇城新聞』1903年10月1日付「日不得不戰」；10月2日付「答客問」。
11)『皇城新聞』1904年2月20日付「警告諸公」。

に『皇城新聞』は、日露両国の膨脹主義がわかっていながら、ロシアと比べて相対的に日本に好意的な考えを示していた。従って『皇城新聞』は、日韓議定書の締結について、日本は名分上は韓国の独立を掲げているが、実際は保護国の実例に倣っていると批判しながらも、12)日露講和条約の締結については、結果的に、日露戦争は、韓国と清国の独立を強固にし領土を保全させたと、肯定的に評価した。13)

　以上のように『皇城新聞』は、日露戦争前後期の日本の韓国経営が、日本にとっては有益だが、韓国にとっては無益であると認識し、日本の大陸進出政策に警戒意識を持ちながらも、ロシアの満洲進出に対しては、日・韓・清　三国の連帯による防俄論理を主張し、東洋三国唇歯論と東洋平和論に基づいて韓国の独立を保障するという論理を展開した。『皇城新聞』は、日露戦争には、日本が東洋の覇権を掌握しようとする侵略的な意図と、韓国と清国の領土に対するロシアの侵略を牽制しようとする意図があると認識していたが、警戒の対象である日露両国のうち、韓国の領土の保全を公約した日本に対して「相対的に好意的な認識」を表していた。

(2) 日露戦争前後期の『大韓毎日申報』の日本認識

　『大韓毎日申報』は、日露開戦以後、外国人 ベーゼル(Ernest T. Bethell)の名義で発行され、言論の自由を比較的享受していた大韓帝国末期の代表的な抗日新聞であった。『大韓毎日申報』は、日露開戦以後、日本が韓国政府を兵力で脅して、人事・行政など韓国の内政に干渉し、14)

---

12)『皇城新聞』1904年2月23日付「辨風説之妄」；3月1日付「論韓日協商條約」。
13)『皇城新聞』1905年9月9日付「賀日俄講和の速成」； 1905年10月2日付「論日俄講和の速成原因と日本興論の失望」。

韓国の鉱山・漁業・農業分野に対する経済的侵奪をほしいままにして、15) とりわけ荒蕪地開墾権を要求し、韓国の独立を危うくしている16)と批判した。また、同『申報』は、日本の韓国における行為が「残悪無道で如酔如狂であり」。日本の韓国発展のための支援は信じられず、17) 日本による韓国の施政改善は虚名無実であるだけでなく、その改革案は韓国を日本に引き渡すものであると強く批判した。18) このように『大韓毎日申報』は、日本の対韓侵奪行為に対して、『皇城新聞』より強硬な批判的論調を展開した。

　このように『大韓毎日申報』は、日本の韓国内における強制的な利権奪取を批判しながらも、

　　　日本に反対する国はロシアのみであるが、この国の人々の行為は、韓国の国民に一層過酷で、彼らの意図するところ何からの利益さえあれば、韓国の安危など顧みることはない。19)

として、韓国においては、ロシアが日本よりさらに悪辣な存在であると認識していた。『大韓毎日申報』も『皇城新聞』のように、ロシアよりは日本がましという、日本に対する相対的に好意的な認識を持っていたのである。

---

14)『大韓毎日申報』1904年9月2日、6日、7日付「韓國に日本の威力」。

15)『大韓毎日申報』1904年9月14日付「英國と日本を比較する」。

16)『大韓毎日申報』1904年8月9日付「名譽を維持する」。當時の代表的な開化知識人である尹致昊も、「荒蕪地開墾權の要求は、これまで韓國で勝手放題にやってきた狡猾な日本人たちの最も破廉恥な極惡無道な一面である、それは名前だけを除いてまさに併合である」と批判した(『尹致昊日記』1904年6月8日付)。

17)『大韓毎日申報』1904年12月3日付「日本から朋友に對してすること」。

18)『大韓毎日申報』1905年2月2日付「韓國の希望」；2月14日付「韓國の日年改良」；3月5日付「韓國の行政」。

19)『大韓毎日申報』1904年9月2日、6日、7日付「韓國に日本の威力」。

『大韓毎日申報』は、韓国人たちの不信と憎惡で、日本が韓国を改革するのは難しいであろうとし、

> 数年前、日本が戦争に勝って韓国を独立させたことは、今になってみると、韓国を独立させたのではなく、日本が、韓国を清国から離れさせて、それまで清国が韓国に対して持っていた権利を占めようとするものであったと考えると、そのように思われる理由が数多くある。20)

として、日清戦争を、日本が韓国において清国の持っていた権利を奪うための戦争としてとらえた。そして、同『申報』は、日本の日露開戦の目的は、「第一に韓国を手に入れる経綸」すなわち「韓国の掌握」にあるとし、21)　日本の持続的な対韓侵略政策を見抜いていた。従って『大韓毎日申報』は、日本が韓国侵略政策を中断して、戦後日本人たちは韓国から撤収し、「約条通り」韓国の独立と疆土を保全しろと繰り返し勧告した。22)

　以上のように、日露戦争前後期に『大韓毎日申報』は、日本の日清戦争の開戦目的は、韓国で清国が占めていた権益を奪取するためのもので、日本の日露戦争の開戦目的は、韓国と満洲を掌握するためのものであったことを正確に見抜いて、日露開戦以後の韓国の施政改善を口実とした、日本の各種の利権奪取と内政干渉を批判した。この時期に『大韓毎日申報』は、韓国の独立を保障する「約条」に基づいて、対韓侵略政策の中断を日本に勧告したが、『皇城新聞』と同じく、ロシアに比べて「相対的に日本に好意的認識」を見せた。

---

20)『大韓毎日申報』1904年12月31日付「韓國に顧問官」。
21)『大韓毎日申報』1904年11月17日付「韓國の今後の成り行き」。
22)『大韓毎日申報』1904年8月9日付「名譽を維持する」；　1905年1月10日付「戦争が終わった後」；9月17日付「韓國地位」。

　要するに、日露戦争前後期における韓国の愛国啓蒙言論は、日本の内政干渉と経済侵奪、及び施政改善に批判を加え、日露戦争が、日露両国の韓国と満洲を掌握するための侵略戦争であることをよく認識していたが、当時の日露関係の中で、日本に対する相対的に好意的な認識を示していた。[23]『大韓毎日申報』は日本の韓国独立に対する「約条」に基づいて、『皇城新聞』は東洋三国唇歯論と東洋平和論に基づいて、韓国の独立を保障する論理を展開した。このような東洋平和論は、ロシアの侵略を防ごうとする人種的次元の「防俄論理」であったが、次第に国家的次元で日本による韓国の国権侵奪を防ごうとする「防日論理」へと変容していった。当時の韓国の開化知識人たちの防俄的な東洋平和論には、俄(露)館播遷以後のロシアによる韓国の自主国権蹂躙と独立協会運動弾圧に対する「反露意識」が反映されたものと思われる[24]

II。乙巳条約(1905)前後期の日本認識

　日本は、1905年7月、タフト・桂太郎密約を結んで、アメリカのフィリピン支配を認める代りに、日本の朝鮮半島支配を認めさせた。また、

---

23)　當時の代表的な開化知識人である尹致昊も、「最も卑劣な日本人も、ウォッカを飲む正教徒ロシア人に比べると紳士であり學者であるはずである」と言って、日本に對する相對的に好意的な認識を示していた(『尹致昊日記』1902年5月7日付)。

24)　獨立協會の會長を歴任した尹致昊も、當時、日・韓・清の三國が極東を黄色人種の永遠の住みかとして守るために、共同の目標と政策と理想を持たねばならないとして、一種の「黄人種團合論」と東洋三國連帯論を主張した(『尹致昊日記』1902年5月7日付)。

8月には、第2次日英同盟を結んで、イギリスのインドに対する特別な利益を保障する代わりに、日本の韓国における政治・軍事・経済上の卓越した権利と、韓国に対する指導・保護・監督・管理の権利を認めさせた。[25]　さらに日本は、9月、日露戦争の敗戦国であるロシアともポーツマス講和条約を結んで、日本の韓国に対する指導・保護・監督・管理の権利を認めさせ、韓国の保護国化を急いだ。日本政府は、9月27日、「韓国の外交権を日本の手中に入れること」を骨子とする保護条約締結計劃案を決定し、この計劃案に基づいて、駐韓日本公使の林権助と特派大使の伊藤博文、及び韓国駐箚軍司令官の長谷川好道の3人が協同し、軍隊で韓国の宮城を包囲して懐柔と脅しによって11月17日にいわゆる乙巳保護条約を強制的に締結した。[26]　それをもって、韓国は、外交権を奪われて日本の保護国となり、イギリス・アメラカ・フランス・ドイツ・ロシアなどの列強は韓国から公使館を撤収させて、日本の韓国保護国化を事実上承認した。このような乙巳条約前後期に『皇城新聞』と『大韓毎日申報』は、日本をどのように認識していたのか、見てみることとする。

(1) 乙巳条約前後期の『皇城新聞』の日本認識

『皇城新聞』は、日露戦争以後、日本の韓国における内政干渉と利権奪取を批判し、日露開戦が日本の東洋覇権のためのものであったと見ていたが、結果的に、日露戦争は、日本がロシアの南侵から「韓清両

---

25) 尹炳奭、前掲「日帝の韓國主權侵奪過程」pp. 136-137 ；董德模、前掲「韓國と20世紀初めの國際關係」p. 36。

26) 金龍德「大韓帝國の終末」『韓國史』19（國史編纂委員會、1976）pp. 178-182 ；尹炳奭、前掲「日帝の韓國主權侵奪過程」pp. 139-148。

国の独立領土を扶植鞏固にしようと一大義旗を挙げた」一種の「義戦」
であると認識したりもした。[27] しかし、乙巳条約締結がいよいよ迫って
きた時、同『新聞』は、韓国の外交権の譲渡という風説に対して、

> 外交断絶の日はすなわち無国の日であり、たとえ他人に委託して外
> 交権を外国に譲与しても、すなわち亡国も同然である。[28]

として、各国との外交断絶や日本への外交権譲渡を亡国とみなし、東
洋平和と黄色人種のための日本のいわゆる「義戦論」の虚構性を悟る
ようになった。それで『皇城新聞』は乙巳条約が締結されるや、「是
日也放声大哭」という社説を通して、伊藤博文と政府の大臣たちに激
しく反駁し、三か月間停刊させられたのであるが、その要旨は次のよ
うなものである。

> 平素、東洋三国の鼎足安寧を率先して取り持ってきた伊藤博文が、
> 敢えて全く思いがけないことに、どうして五条約をもち出してきたの
> か。この条件は、我々韓国だけでなく東洋三国を分裂へと導く兆漸な
> のだから、伊藤の原初主義はどこにあるのか。……あの犬や豚ほどに
> も満たない我が政府の大臣たちは、一身の栄達のために皇帝陛下と二
> 千万同胞を裏切り、四千年の領土を外国人に渡してしまったという。
> 悲しき我が二千万の奴隷となった同胞よ、我々は生きるべきなのか、
> 死ぬべきなのか。[29]

すなわち、『皇城新聞』は、乙巳条約締結を、日本による東洋三国
の鼎足平和から顔を背けた東洋三国を分裂させる行為、韓国が四千年

---

27)『皇城新聞』1905年10月2日付「論日俄講和の速成原因と日本與論の失望」。
28)『皇城新聞』1905年10月5日付「辨日代外交之風説」。
29)『皇城新聞』1905年11月20日付「是日也放聲大哭」。

の疆土を日本に譲渡する行為とみなし、日本帝国主義が主張してきた
「東洋平和論」を論拠として、韓国支配の野望を批判した。また、同
『新聞』は、伊藤博文の統監赴任について、「馬関条約と日露開戦当
時、韓国の独立保障を約束した日本が方針を一変し、かつての韓国独
立の主唱者を今度は統監として来駐させるとは、どうして再び信じる
ことができようか」として、日本による韓国の独立を保障するとした
約束に対して、強い不信感を表明した。30)

　一方、『皇城新聞』は、「今日の世界平和は東洋から始まり、東洋
の最強国から始まる」として、「東洋の最強国」である日本が、文明
国として「信義と公理」に外れないように隣国を文明へと教え導くこ
とを勧告した。31)　また、同『新聞』は、過去10年間、日本が「韓国の
独立の保障」と「韓国の領土の保全」を約束してきた事実を想起させ
て、「隣睦の日本が、どうして恃強侮弱のようなことをして唇歯輔車
の形勢を忘却し、文明人道の日本が、どうして無信蔑義のようなこと
をして蛮暴無理の行動を見習うのであろうか」として、日本に韓国支
配の野望を自制することを勧告し、「日韓和協」を通した東洋の安保
を力説したりもした。32)

　以上のように、『皇城新聞』は、乙巳条約をきっかけとして、日本
の「日露戦争義戦論」と東洋平和論の欺瞞性、そして日本の韓国支配
野望をはっきりと見抜いており、伊藤統監の赴任を韓国の独立を保障
するとした約束の破棄とみなして、日本に強い不信感を持っていた。
また、『皇城新聞』は、乙巳条約の締結を、東洋三国の分裂行為、韓

---

30)『皇城新聞』1906年9月19日付「告伊藤統監侯閣下」；1906年9月25日付「辨政
　　府廢止風説」。
31)『皇城新聞』1906年10月25日・26日付「世界平和が在東洋」。
32)『皇城新聞』1907年4月15日「辨風説無據」。

国領土の譲渡行為であると主張し、日韓両国の唇歯輔車関係を押し立
てて日韓協力と東洋鼎足平和論を強調し、日本の韓国支配の野望を阻
止しようとする論理を展開した。

(2) 乙巳条約前後期の『大韓毎日申報』の日本認識

　『大韓毎日申報』は、乙巳条約締結以後、日本が乙巳条約に違反し
て韓国の内政に干渉し、[33]　日本の顧問官たちは韓国の政治を改悪して
おり、[34]　鉄道敷設・郵便電信・財政政策・鉱山などあらゆる経済施策
は日本人の利権追求に帰結されると批判して、[35]　特に7百万名に達す
る日本人の韓国移住計劃に強力に反対する主張を展開した。[36]　同『申
報』は、結局統監政治とは「征服者の立場に立った政治」であり、伊藤博
文のいわゆる施政改善は利権奪取のためのものに過ぎないと批判した。[37]
そして『大韓毎日申報』は、日本人により韓国皇帝監禁と度支部(政府の
財政官庁)・税関の掌握、そして財産増殖などを批判しながら、

　　英国政府が日本の地位にいたとしても、こんなではなかったであろ
　　う。[38]　ロシアが日本のように韓国を取得していたとしても、数万の
　　下等なロシア人がこの国全体にぎっしり一杯で、国家の各種財源を掠
　　取して、民間の各種土地利益を剥奪したであろうか。[39]

---

33)『大韓毎日申報』1906年2月6日付「事之卒變」。
34)『大韓毎日申報』1905年11月28日付「顧問義務」。
35)『大韓毎日申報』1906年2月17日付「更論均商」。
36)『大韓毎日申報』1906年9月13日付「移民禍因」；9月19日付「日本移民」；10月
　　7日・9日付「移民於韓國」。
37)『大韓毎日申報』1906年8月15日付「韓國と日本」。
38)『大韓毎日申報』1906年9月4日付「韓國內日本」。
39)『大韓毎日申報』1906年9月8日付「格別論述」。

として、日本は、ロシ・ほしいままにしていると批判した。これまでロ
シアに比べて日本に相対的に好意的な認識を持っていた『大韓毎日申
報』が、今や、イギリスはもちろんロシアよりも日本がさらに悪辣で
あると言う認識の転換が注目される。

　しかし、『大韓毎日申報』は、日本の対韓政策に注目し、日本内に
韓国を敗敵とみなす「武官党派」(武官派)と、名目上韓国の独立を認め
るが実質的に指揮しようとする「自由党派」(文官派)、そして韓国に自
治権を持たせて日本の有力な同盟国にしようとする「高等派」があり、
当時は、伊藤博文を代表とする文官派の政策が採択されたようである
が、武官派は韓国の併合を確定していると把握していた。40) 従って、
韓国内にやむなく統監を置かねばならないのなら、韓国の物情と列強
の意思も把握することの出来る伊藤博文が最適の人物であるという見
解を示した。41) これは、日本の韓国併合論者たちに比べて、保護政治
論者に対する相対的に好意的な認識を意味するものである。

　『大韓毎日申報』は、日韓両国が「輔車相依之勢」にあることを前
提として、「日本人が韓国人に対すると、言葉では必ず文明を教え導
く、独立を扶植する、東洋に平和を維持する」として、韓国人も「同
洲同種之国と兄弟ように親愛し、唇歯のように相撐すべきである」と
したが、日露戦争開戦以後、日本は韓国の内政に干渉し経済的に侵奪
したと批判して、乙巳条約を「併呑之計」すなわち「韓国併呑計劃」
とみなした。42)

　従って、『大韓毎日申報』は、日韓両国の輔車唇歯の関係に照らし

---

40)『大韓毎日申報』1906年6月17日付「日本武官政派」；9月22日付「日本政治」。
41)『大韓毎日申報』1906年8月8日付「離湯就火」。
42)『大韓毎日申報』1905年11月22日付「危哉韓日關係」。

て、日本がたとえ強くても孤立すれば危険であり、韓国がたとえ弱く
ても亡びれば東亜大局が破裂してしまうという「東アジア共滅論」を強
調し、日本が韓国の独立を保障し、相互に扶助し合って東洋平和を摸索
するのが日本の上策であると勧告した。43) さらに『大韓毎日申報』は、

> 日本が韓国の独立を実心から賛助して、満洲を清国に還付し、三国
> が同盟を締結して鼎足之勢をなせば、東洋の平和が維持され、日本に
> 無窮の利益がもたらされるであろう。44)

として、日本が、日・韓・清の三国同盟を締結し、三国鼎足の形勢を
なすことによって、西洋勢力を食い止め、東洋平和を維持することを
勧告した。これは、韓国の独立を保障するための東洋三国同盟論であ
り、東洋鼎足平和論の主張であり、日本が韓国侵略を偽装して主張し
た東洋平和論を利用して、日本の韓国侵略を阻止しようとする論理で
あった。

　以上のように、『大韓毎日申報』は、乙巳条約を韓国の独立と東洋
三国の連帯、そして東洋平和を主張する日本の背信的な「韓国併呑計
劃」であるとみなした。そして『大韓毎日申報』は、統監政治を征服
者的統治とみなし、日本の広範囲な略奪的利権奪取行為がロシアより
一層悪辣であるとみて、従来の相対的に好意的な対日意識を事実上撤
回した。45)　さらに『大韓毎日申報』は、韓国併呑に伴う東アジア共滅論

---

43)『大韓毎日申報』1905年11月22日付「危哉韓日關係」；　11月29日付「韓日交誼」；
　　12月7日付「讀日本人對韓政策」。
44)『大韓毎日申報』1907年1月13日付「桑港報の論説」。
45) 當時、大韓自強會會長だった尹致昊は、日本が「いわゆる保護政治下で韓國を
　　以前より10倍は惡くしてしまった」として、「日本人は彼らの國と英國そし
　　て米國では着物を着た天使であるかもしれない、しかし、韓國では毒蛇であ
　　る」と罵倒した(T. H. Yun's Letter to Dr. Young J. Allen. December 25.

と日韓両国の輔車唇歯関係を強調し、韓国の独立を保障する論理として、日・韓・清を軸とする東洋三国同盟論・東洋鼎足平和論を提起した。

　要するに、乙巳条約前後期における韓国の愛国啓蒙言論は、日本の強要による「乙巳保護条約」を事実上韓国の「独立喪失」とみなし、[46]乙巳条約締結以後の日本の「保護政治」を、日本の国益だけを追求した暴悪な政治、或いは日韓併合の整地作業とみなして、ロシアに比べて好意的だった対日認識もなくなっていった。この時期には、『皇城新聞』だけでなく『大韓毎日申報』も、日本の韓国併呑の野望を阻止して韓国の独立を維持しようという論理で、日本が主張してきた日韓唇歯関係・東洋三国鼎足論・東洋平和論を活用しており、[47]特に『大韓毎日申報』が、韓国併呑に伴う東アジア共滅論と、韓国の独立を保障論理としての東洋三国同盟論を提起した点が注目される。

Ⅲ。丁未条約(1907)前後期の日本認識

　日本は、1907年6月のハーグ密使事件をきっかけとして、7月に高宗を強制的に退位させた後、直ちに新聞紙法(7月24日)と保安法(7月27日)を頒布して、韓国人の言論・出版と集会・結社の活動を大きく制限し、

1906)。

46) 大韓自強會初代會長である尹致昊も、1905年11月18日付の日記で、「韓國の獨立は、今日午前一時または2時に靜かに消えてしまった」として、乙巳條約の締結を韓國の獨立の喪失とみなした。

47) この時期に、大韓自強會會員だちも、韓國の獨立を保障する論理として東洋三國鼎峙論と東洋三國連帶論、そして東洋平和論を強調した(張志淵「現在の形勢」『大韓自強會月報』第12号 p.5 ; 南宮濬。「自強理由」『大韓自強會月報』第8号 p.15 ; 大垣丈夫「所感一則」『大韓自強會月報』第5号 p.45 ;「大垣丈夫の演說」『大韓自強會月報』第5号 p.39-40)。

丁未条約(7月24日)と軍隊'解散(8月1日)を強要して、韓国の行政権と軍事権を掌握し、韓国に対する支配権を大きく強化した。外国の強要によって国王が退位し、軍隊が解散し、外国人の次官が任命されたことによって、大韓帝国は事実上形骸化されたのである。こうして、この時期に日本が韓国を併呑するであろうという疑惑は一層明白なものとなった。一方、日本は、1907年に第2次日英同盟に基づく「日英軍事協定」を結んで、イギリスとの同盟関係をさらに強化し、48) ロシアの後援国であったフランスと日仏条約を結んで、日本の朝鮮半島支配権を認めさせ、49) 交戦国であったロシアとも露日協約を結んで、韓国に対する日本の現実的支配を承認させた。50) このように1907年を前後して、日本は、どの列強もぞんざいに対することができないほどの強大国として、北東アジアの国際関係を自国に有利に引っ張っていたため、どの国も日本の反対を押し切って韓国の独立を支援しようとはしなかった。このような丁未条約前後期に『皇城新聞』と『大韓毎日申報』は、日本をどのように認識していたのか、見ていくこととする。

(1) 丁未条約前後期の『皇城新聞』の日本認識

　『皇城新聞』は、ハーグ密使事件について、その根本原因が韓国に対する日本の暴悪な行為にあることを指摘して日本の反省を促し、51) 密使事件による高宗の強制退位を恥辱として、独立の精神で実力養成

---

48) 吉田和起「日本帝國主義の朝鮮併合」『韓國近代政治史研究』(四季節、1985) p. 131。
49) 全正煥「露日戰爭とフランスの對韓政策」『韓佛修交100年史』(韓國史研究協議會、1986) pp. 204-205。
50) 辛承權「日露戰爭以後帝政ロシアの對韓政策」『韓民族獨立運動史』6 （國史編纂委員會、1989) pp. 288-290。
51)『皇城新聞』1907年7月18日付「辨海牙問題之惑點」。

に力を入れるよう強調した。[52]　そして同『新聞』は、丁未条約による日本人次官の任用について、「先進高明者が未開者を指導もしくは勧告するのはよいが、これを自取して自行するのはいけないこと」であるとして、韓国の高官職への日本人の任用は日本の失策であると批判した。[53]　また、『皇城新聞』は、日本人たちによる「韓国併吞」の主張について、「自分の国を併合しようとするという説に対して極力反抗するのは天下の公理、世人の常情」であり、「もし、韓国を併合しようとすれば、欧亜が競争する今日において、むしろ日本に大禍乱を醸出」するであろうとし、日本が韓国併吞を企図する際に予想される韓国民の強い抵抗と列強の干渉をあげて、日本の韓国併合が招く日韓両国共滅の危険を指摘し、日韓共存の基盤の上で、「両国間の平和幸福を永久に計劃すること」が得策であると主張した。[54]

　さらに『皇城新聞』は、日本人の韓国移住の増加と経済侵奪に対して、多くの韓国人たちが、「宗族が滅亡するのでは」と憂慮していると前提した上で、当初、日韓条約は「互相同等」を認めていたのに、日本が兵力の強大さに任せて、強制的に「5箇条の新条約と7箇条の最新条約」を結び、韓国を「併吞する根本」を整えたとしながらも、東洋の形勢から見て、日本の韓国併吞は「杞憂」であり、韓国併吞論者が日本の国論を制圧することもできないであろうと展望した。[55]　また、

---

52)『皇城新聞』1907年7月23日付「告我同胞」。
53)『皇城新聞』1907年9月26日付「警告日本當局諸公」。
54)『皇城新聞』1907年10月3日付「讀萬朝報谷子爵の論評」。同『新聞』10月2日付「別報」では、「この度の新條約についてもあのような騒ぎが免れ難かったのに、もし再び我が國をさらに併吞しようとすれば、いくら事大主義のやからでも、蹶起し反抗することは明らかである」とした。
55)『皇城新聞』1907年10月9日付「有識子の對日論衡」。當時、大韓協會會長の金嘉鎮も、日本の韓國併吞企圖は「杞憂」とし、その理由として、まず、韓國併吞による韓國人の永遠の反抗を豫想する時、日本の政治家たちが併吞の愚策を

同『新聞』は、当時を「日韓両国の輔車唇歯的な関係を共同保維する時代である」と前提した上で、日本の当局者が「光明正直の主義」をもって日韓両国間の疑心を解消させることが、日韓両国と「東亜大局の永遠の平和幸福」のための道であると主張した。56)

1909年に入って、『皇城新聞』は、日本に対して警戒する論調を増した。当時、同『新聞』は、世界情勢と韓国について次のように認識していた。まずは、当時の列強はみな、帝国主義を実行して海外に自国の勢力を扶植するのに汲々としており、ロシアは、ピーター大帝以来の南征北伐によって最大帝国を建設した。57) 二つ目に、韓国は、日清戦争の結果として名義上の独立は手にしたものの、実際は清国の勢力範囲から日本の勢力範囲へと帰属しただけである。58) 三つ目に、日本の国是はロシア以上の帝国主義であり、日露戦争以後、ドイツ皇帝が黄禍論を口にするほど、列強は日本を恐怖の対象とみなしている。59) 四つ目に、日・露・清三国の外交上、政治上、経済上の変遷は、韓国の独立に密接に関係しており、韓国の独立の時期は三国の勢力が均衡する時であろう。60) このように、『皇城新聞』は、当時を列強が海外進出に血眼となった帝国主義の時代と把握し、日本を欧米列強が恐れるほどの帝国主義国家と認識して、日・露・清三国の勢力均衡が韓国独立の要件となるであろうと見ていた。

では、当時『皇城新聞』は、日本が韓国のために施政改善を行い、

とりはしないであろうという点と、二つ目に、韓國併呑は日本が世界に何度も發表した宣言に食い違うものであるという点をあげた(金嘉鎭「我國有識者の日本國に對する感念」『大韓協會會報』第6号 p. 2)。
56)『皇城新聞』1907年11月10日付「國是團體の可起する時期」。
57)『皇城新聞』1909年7月1日付「宇内大勢と韓國」。
58)『皇城新聞』1909年7月4日付「宇内大勢と韓國」(續)。
59)『皇城新聞』1909年7月7日付「宇内大勢と韓國」。
60)『皇城新聞』1909年7月15日付「宇内大勢と韓國」(續)。

韓国の独立を保障するという約束を信じていたのであろうか。『皇城新聞』は、日韓間の輔車唇歯の関係を強調して、日本の韓国併呑を杞憂として両国の協力を強調したが、当時を帝国主義の時代と認識し、日本をロシア以上の帝国主義国家とみなしていた。従って、同『新聞』は、日本による韓国のための施政改善と、独立を保障するとした約束を信じていなかったはずであり、ただそうなるように自ら努力して日本に促し求めようとしたものと判断される。

　以上のように、丁未条約前後期に、『皇城新聞』は、高宗の強制退位、日本人次官の任用、日本軍の蛮行など亡国的な事態にあたって大きな危機意識を感じ、たとえ表面的には、当時広範囲に流布された日本の韓国併合説を杞憂としたとしても、日本の行為に持続的な不信感を表した。『皇城新聞』は、当時を帝国主義の時代と把握し、日本をロシア以上の帝国主義国家と認識していた。従って『皇城新聞』は、日本の韓国併呑には、韓国民の抵抗と列強の干渉による日韓両国共滅の恐れがあることを強調して、唇歯関係にある日韓両国の共存に基づいた永久的な平和政策をとるよう日本に勧告し、日・露・清三国の勢力均衡の下での韓国の独立を期待したりもした。

(2) 丁未条約前後期の『大韓毎日申報』の日本認識

　『大韓毎日申報』は、ハーグ万国平和会議において、「韓国忠烈之士」が、韓国の「無念な実情」と日本の「強迫な行動」を暴露したことは、韓国の将来において独立回復の土台になるであろうと高く評価し、[61] これをきっかけに、伊藤統監が強制的に高宗を退位させたこと

61)『大韓毎日申報』1907年7月4日付「萬國平和會議に韓國提議」。

は、日本が同種・同胞を掲げながら「同種消滅の意図」を抱いていると批判した。62) また、同『申報』は、日本による韓国軍隊の強制解散63)と韓国の官吏への日本人任用を、「韓国の独立縮小」と批判し、64) 中国と韓国が、歴史的に「常に安危休戚と治乱盛衰に互相関係があること」をあげて、韓清関係の緊密性を強調した。65)

そして、『大韓毎日申報』は、日本が韓国に東洋拓殖会社を設立する目的は、日本人の大規模な韓国移住と韓国の産業侵奪を通して、韓国経済を完全に掌握しようとすることであると批判し、66) 日本は韓国政府の全ての機関を掌握し、日本人の利益だけを追求して収奪と残忍な行動をほしいままにし、「旧式の最悪の政府でも、30年はかかって及ぼす損害を、日本人はわずか3年で既にやってしまった」として、日本の対韓施策を強く批判した。67) 日本の対韓施策が「旧式の最悪の政府」より悪いという評価は、ロシアよりひどいという線から一歩進んだ最悪の評価であった。

さらに『大韓毎日申報』は、東洋主義に対しても批判を加えた。同『申報』は「奇々怪々な会名」という論説において次のように論じた。

　　　今日、韓国人が世界主義を主張することが可なのか、不可なのか。……今日、列国がそれぞれ自国のために奮闘する時代に、この汎博な

---

62)『大韓毎日申報』1907年7月20日付「伊藤侯」；8月11日付「論韓皇之退位」。
63)『大韓毎日申報』1907年8月4日付「韓兵解散」。
64)『大韓毎日申報』1907年8月6日付「韓日協約について何に従事しようか」。
65)『大韓毎日申報』1907年10月6日付「清廷改革の好望」。
66)『大韓毎日申報』1908年3月28日付「移民於韓國」；　4月28日付「東洋拓殖會社設立問題」。
67)『大韓毎日申報』1908年1月14日付「韓日關係」。乙巳條約締結以後、大韓自強會會長の尹致昊は、日本が「いわゆる保護體制の下で韓國を以前より10倍は悪くしている」と批判したことがある(T. H. Yun's Letter to Dr. Young J. Allen.　December 25. 1906)。

　　世界主義を唱えるのは痴人の説夢であり、……目下、韓国では、にわ
　　かに、東洋主義(すなわち人種主義)が国家主義を掩殺している。……
　　あの日本人たちの唱導する東洋協会、東洋拓殖会社も東洋主義ではな
　　いのか。日本人のいう東洋云々は、国家を拡張して東洋を併合するこ
　　とであり、韓国人のいう東洋云々は、東洋を主張して国家を消融しよ
　　うとすることである。68)

　すなわち、『大韓毎日申報』は、当時、国家主義の時代に、韓国社
会の一角で主張された世界主義、すなわち東洋主義(人種主義)は、韓国
の国家主義を弱化させるものであるとし、強者である日本人の東洋主
義は東洋の併合を追求するものであるが、弱者である韓国人の東洋主
義は国家の消滅を招くとして、没主体的な東洋主義を批判し、韓国人
の進むべき方向として国家主義を提起した。そして、同『申報』は、
「東洋主義に対する批判」という論説において、

　　　国家が主で東洋は客であるのに、今日、東洋主義を提唱する者を見
　　ると、東洋が主となって国家が客となり、国家の興亡は天外に付して
　　、ただ東洋を是保しようとしている。69)

として、東洋主義に埋没して国家の興亡から目を背ける親日的東洋主
義者たちを罵倒した。こうした東洋主義に対する批判は、日本が東洋
平和論を掲げて、東洋協会・東洋拓殖会社・東洋伝道館などを前面に
立て、韓国において植民化政策・親日化政策を推進する中で、これに
同調して東洋主義を主張する東洋実業奨励会・東洋愛国婦人会など、
親日的な韓国の東洋主義団体に矛先を向けたものと思われる。

---

68)『大韓毎日申報』1908年12月17日付「奇々怪々な會名」。
69)『大韓毎日申報』1908年8月10日付「東洋主義に對する批評」。

　しかし、『大韓毎日申報』の東洋主義批判は、直ちに愛国啓蒙家たちの東洋鼎足平和論の排撃を意味するものではなかった。こうした事実は、満洲をめぐる日露間の角逐と世界の列強の利害関係に照らして、日本が「真正な東洋平和の策」をもって「東洋の幸福」を維持することが上策[70]であるという、同『申報』の論説でも知ることができる。

　以上のように、丁未条約前後期において、『大韓毎日申報』は、日本が事実上韓国政府の全ての機関を掌握し、前近代的な最悪の政府よりも韓国に被害を与えているとして、日本に対する最悪の評価を下し、歴史的な側面における韓清関係の緊密性を強調したりもした。また、『大韓毎日申報』は、東洋拓殖会社の設立を、日本が韓国経済を完全に掌握しようとするものとみなして、親日的で没主体的な東洋主義は国家を消滅させるものであると批判し、韓国民が進むべき方向として国家主義を提起した。この時期に、韓国の自主独立の論理として、国家主義が提起されたことは注目に値する。

　要するに、高宗の強制的退位、日本人次官の任用、韓国軍隊の解散など、丁未条約を前後した亡国的な事態に直面して、韓国の愛国啓蒙言論は、日本の韓国併呑説により一層の危機意識を感じ、日本の統監政治を前近代的な最悪の政治よりも過酷な統治とみなした。そして、当時を帝国主義の時代と把握し、日本をロシア以上の帝国主義国家と認識した。また、表面的には日本の韓国併呑の可能性を否認したが、日本が韓国併呑を企図した場合に伴う日韓共滅論を持ち出して、韓国の独立を尊重する平和政策を日本に求め、一方では、韓国独立の論理として国家主義を提起したりもし、日・露・清三国の勢力均衡の下での韓国独立を期待したりもした。こうした事実は、当時、愛国啓蒙言論が、国際関係と帝国主義に対する徹底した理解の中で、祖国の進路

---

70)『大韓毎日申報』1910年1月12日付「満洲と日本」。

を摸索していたことを教えてくれる。

Ⅳ。伊藤被殺(1909)前後期の日本認識

　1909年4月10日、日本の桂太郎首相と小村寿太郎外相、そして伊藤博文統監は、韓国の併合を実行する方針である「対韓政策確定の件」に合意し、7月6日には、天皇の裁可を得て、韓国併合実行方針を日本の公式な政策として確定した。そして、韓国併合のための整地作業として、韓国内の反日武装勢力を完全に除去する目的で、1909年9月と10月の二か月間に、歩兵2個連隊と工兵1個小隊を全羅道に投入し、憲兵・警察と合同で、大々的な義兵討伐作戦であるいわゆる「南韓大討伐作戦」を実施した。71)　こうした日本の対韓強硬政策の中で、新たな突破口をつくり出すために、当時の代表的な愛国啓蒙団体である大韓協会は、9月初めから窮余の策として、親日団体の一進会との提携を摸索したりもした。そうしている間の10月26日、伊藤博文被殺事件が発生した。これをきっかけに、日本の韓国併合政策が急進展する中で、12月4日には、一進会の日韓合邦宣言が出されて、日韓関係は新しい局面に入った。こうした伊藤被殺前後期に、『皇城新聞』と『大韓毎日申報』は、日本をどのように認識していたのか、見ていくこととする。

(1) 伊藤被殺前後期の『皇城新聞』の日本認識

　『皇城新聞』は、一進会の日韓合邦宣言に対して、一進会が、国民

---

71) 柳永烈『大韓帝國期の民族運動研究』(一潮閣、1997) p. 335。

に対する声明では「政合邦であって合邦ではない」としつつ、統監部に送った長書では「創立日韓合邦時代」とし、皇帝に上げた上訴でも「日韓合邦新造一大帝国」とした欺瞞性を責め立て、日本の桂太郎首相と曾禰荒助統監も韓国に対して現状維持政策を標榜した事実を想起させて、一進会は日本の平和主義に背け、韓国の基礎を動揺させ、日韓両国の「和誼」を損傷させる「悪魔の党」であると罵倒した。72)

また、『皇城新聞』は、世界列強の勢力が四方から及んでくる時期に、日韓両国が「真面的平和」を維持するためには、両国の共同利益に力を注がねばならないという「日韓共同利益論」を提起し、一進会の合邦声明は東洋の平和を撹乱させ、「東洋の禍機を挑発」する行為であるから、一進会を鎮圧して合邦論を一掃するよう主張した。73)

『皇城新聞』は、当時、世界は東洋と西洋の対決の時代、または黄色人種と白色人種との人種競争の時代であり、西勢東漸の現象が日増しに強まっていくととらえ、74) 西洋の白色人種に比べて劣等な位置にある東洋の黄色人種が生き残る道は、唇歯関係の東洋の黄色人種が団結し、私利私欲を捨てて、相互の「同種相保の方針」を考究することであると主張した。75) これは、東洋三国の連帯で西洋勢力を食い止めなければならないという西勢東漸の防禦論理であったが、日本の国家利己主義を越えた黄色人種の団結と共生を主張した論理であり、内に韓国の独立を保障する論理を含んだものである。

さらに『皇城新聞』は、当時、東洋の危機を招く世界列強の東洋侵略を防ぐ責任が日本にあるとし、東洋三国の中で先進国家である日本

---

72)『皇城新聞』1909年12月7日付「噫嘻痛矣」。
73)『皇城新聞』1909年12月25日付「時局の現狀」。
74)『皇城新聞』1910年1月13日付「世界大勢の管見」; 1910年1月15日付「人種の關係」; 1910年2月3日付「淸國の現狀に對する觀念」。
75)『皇城新聞』1910年1月15日付「人種の關係」。

の役割を強調した。『皇城新聞』は、論説を通して、

　　日本は、韓清両国に対して、唇歯輔車の形勢を徐々に強固なものに
　　し、文明の増進と利益発展のために実心輔翼し、実心愛助して、我が
　　東洋全局に永遠の平和と無窮の福利を享有させることが万世長策であ
　　り、野心的手段で相互の感情を惹起し、大局の如何を顧念しないこと
　　は決して許されないはずである。76)

として、先進国家である日本が、世界の大勢と東洋の関係を考慮し
て、朝鮮半島と大陸に対する支配の野望を捨てて、韓清両国を助けて
東洋三国の連帯によって東洋の平和を構築しなければならないと勧告
した。これは、東洋三国の共存共栄による東洋平和論、すなわち韓国
の独立を保障する論理としての東洋平和論を意味する。

　この時期の『皇城新聞』の論調は、東洋平和論に焦点が当てられて
いる感がある。当時、『皇城新聞』が東洋平和論を強調した意図は、
当時の世界を人種競争の時代と見て、東洋の人種の保存のための人種
主義的な側面にあったことも否定できない。しかし、『皇城新聞』が
東洋平和論を強調した本質的な意図は、韓国の存在の抹殺を意味する
日韓合邦論を阻止するために日韓共存と東洋平和を掲げた国家主義的
側面にあったものと思われる。

　一方、この時期に『皇城新聞』は、当時の世界の趨勢を海洋国家の
発達から、今や「大陸国家が発達する時代」と見て、従来、後進国家
として軽視していた大陸国家である清国の発展と役割にも新しい認識
を示していた。77)　すなわち日本の発達した姿に注目してきた『皇城新
聞』の論者たちは、韓国と地理・人種・宗教・文学において密接な関

---

76)『皇城新聞』1910年1月9日付「時局に對して猛省するがよい」。
77)『皇城新聞』1910年4月27日付「大陸發達の時代」。

係がある清国が4億の人口を持った大国であり、今後の東洋の復興は清国の進歩如何にかかっていると見て、当時、自保自存の能力がない韓国は、唇歯輔車の関係にある清国の進歩に注目しなければならないと強調した。78) これは、清国でもって日本を牽制しようとする意識の一面であると言えよう。

　以上のように、伊藤博文被殺事件をきっかけとして、日韓合邦論が大きく擡頭する時期に、『皇城新聞』は、韓国の滅亡を意味する日韓合邦論に対応して、日本が日韓両国の共同利益に基づいた真正な平和を追求しなければならないという日韓共同利益論と日韓両国の「真面的平和論」を強調した。79) そして『皇城新聞』は、当時の世界が東洋と西洋の人種的対決の時代であることと、東洋が唇歯関係であることを持ち出して、東洋三国の鼎足連帯によって西洋勢力を食い止め、東洋平和を維持しなければならないという人種主義的東洋平和論を強調した。しかし、この人種主義的東洋平和論には、韓国の独立の保障を前提とした国家主義的意図が内在されていたのであった。

(2) 伊藤被殺前後期の『大韓毎日申報』の日本認識

　『大韓毎日申報』は、伊藤博文被殺事件を前後した時期に、漁業においては、日本漁船が大挙して韓国漁場を食い荒らし、多くの韓国漁

---

78)『皇城新聞』1910年1月15日付「人種の關係」。
79)　伊藤博文被殺以後、大韓協會の機關誌である「大韓民報」は、伊藤博文が主張した「韓日利益共通主義」を持ち出して、日本の韓國併呑論を阻止しようとした(『大韓民報』1909年7月14日、15日付「前伊藤統監公爵を送る」)。大韓協會總務の尹孝定も、日本の保護體制をやむを得ない現實として受け入れた上で、當時の日韓關係の最善策は、相互利益を増進させる方向での「現狀維持論」であることを強調した(尹孝定「大韓協會の合邦論に對する意見」『大韓民報』1910年1月20日付)。

民が生業を失っているという事実、80)　商業においては、推進中の日韓の商業会議所の併合がなされると、結局韓国人商業会議所は廃止され、日本人商業会議所だけが膨脹することになるだろうという事実、81)　農業においては、東洋拓殖会社が日本各地の農民を集めて韓国の農村を視察させ、韓国内の農業経営に精を出している事実82)　などをあげて、日本の対韓経済侵奪に深刻な憂慮の念を表した。また、同『申報』は、韓国民を「心理的に管理」するために、韓国の宗教に対する親日化政策をとっている事実83)と、韓国人たちが日本風に染まって親日化するように、日本観光団を募集している事実84)　などを批判した。

　そして、『大韓毎日申報』は、日本人大臣を置いて韓国の政務を委任しようという問題を扱った『大阪毎日新聞』の記事に対して、「これが保護であり、これが施政改善であり、これが東洋平和なのか」と批判し、85)　一進会の合邦声明に対しては、一進会は乙巳条約以後に有名無実化した国家を亡ぼす勢力であると規定し、一進会の合邦声明書が提起した政合邦は2千万同胞を欺瞞し愚弄するものであり、その合邦声明発表は「売国家売同胞」行為であるとして、これに同調する勢力を批判した。86)　また、同『申報』は、「韓国と日本が合邦すれば、東洋の平和が維持されるとし、朝鮮半島の人々が恩恵を受けるとし、両国の平和幸福が増進される」とする日本人の主張は、「人を殺して天国に上がらせるということではないのか」として、日韓合邦を目的と

---

80)『大韓毎日申報』1909年11月14日付「西道沿海の漁場」。
81)『大韓毎日申報』1910年1月15日付「漢城內實業家よ、諸君は一覽せよ」。
82)『大韓毎日申報』1910年4月6日付「外國人の韓國內農業經營」。
83)『大韓毎日申報』1910年1月16日付「基督敎徒同胞の覺醒せねばならぬところ」。
84)『大韓毎日申報』1910年4月1日付「告時事新聞」。
85)『大韓毎日申報』1909年10月22日付「讀大阪毎日報」。
86)『大韓毎日申報』1909年12月5日付「一進會よ」; 12月7日付「告韓國同胞」; 12月15日付「嗚呼兩魔よ」。

する日本人の虚構的東洋平和論を強力に批判した。[87]

　一方、『大韓毎日申報』は、「韓国合併を実行し、永久に禍根を断つことを希望する」、「日韓併合の機運は今や熟した」、「現状維持を言う者は実に非常識なやからである」、「統監旗で誘掖する時代はもはや過ぎ去ったのであり、今や総督旗を据えて半島の安寧を保持する時ではないのか」として、日本の政治家・実力家・在野勢力・新聞記者たちの主張する韓国併合は、日本にとっても決して得策ではないとし、「韓国不亡」の理由を次のように主張した。[88]

　一つは、韓国の主観的形勢として、歴史的には、韓国の人民の脳裏に4千年の「歴史的国家理想」があり、文明的には、近代以前の韓国は日本の先進国であって、将来新文明で日本を凌駕することができ、民族的には、韓民族は元来「武強活溌の宗族」として、忠君愛国の精神と「殺身護国の気力」があって大国民の資質を具備しており、慣習・風習・人情の面でも、韓国は日本に併合される国家ではないということである。二つ目は、日本の地位上の形勢として、日本がたとえ世界8大強国の地位を占めているとしても、それは、西欧列強がロシアの南下を防ぐために、韓国・満洲での日本の勢力圏形成を許容したものであり、韓国を併呑しようとする野望は決して許されないであろうということである。従って、韓国は決して亡国することはないであろうとした。

　さらに『大韓毎日申報』は、日本が、韓国の独立を保全すると列強に説明して韓国人の歓心を買っておきながら、今度は東洋平和と韓国民福利を掲げて韓国を併合しようとするという日本の欺瞞性を指摘して、[89]

---

87)『大韓毎日申報』1909年12月25日付「京城日本人新聞記者團」。
88)『大韓毎日申報』1909年12月28日付「日本人へ」。
89)『大韓毎日申報』1910年1月8日付「韓日合併論者に告ぐ」。

　　日本人よ、世界は世界人の世界である。日本の独歩は許されないの
　　だから、真正な東洋平和の策を執り、日本の地位を強固にして、東洋
　　の幸福を維持するのが得策ではないのか。90)

として、日本が「真正な東洋平和の策」をもって「東洋の幸福」を維
持するよう勧告した。ここでいう真正な東洋平和とは、韓国の自主独
立を前提とする東洋の鼎足平和を意味するものである。このように
『大韓毎日申報』も、日本が主張する東洋平和論を、日本の侵略的東
洋主義に対応する防御論理、すなわち韓国の独立を保障する論理とし
て積極的に活用した。

　以上のように、伊藤被殺前後期において、『大韓毎日申報』は、日
本の韓国に対する経済的、精神的侵奪行為を批判し、虚構的な東洋平
和と韓国人の幸福を掲げた日韓併合論の不当性を強力に指摘した。そ
して『大韓毎日申報』は、韓民族の潜在能力と国際情勢から見て、韓
国が亡びることは決してないであろうという論理を展開して、日本が
欺瞞的な東洋平和論を主張せずに、「真正な東洋平和策」すなわち韓国
の独立の保障を前提とする東洋鼎足平和策を考究するよう促し求めた。

　要するに、1909年秋の安重根による伊藤砲殺と一進会の合邦声明を
きっかけとして、日本の韓国併合政策が急進展し日韓合邦論が大きく
擡頭する時期に、愛国啓蒙言論は、国家滅亡の危機が切迫しているこ
とを感じ、いつにも増して東洋平和論を主張した。彼らは、日韓両国
の共同利益に基づく「真面的平和論」を主張し、韓国の独立を前提と
する「真正な東洋平和策」をとるよう日本に勧告した。愛国啓蒙言論
は、日本の東洋平和論の虚構性を知りながらも、韓国の独立を保障す

---

90)『大韓毎日申報』1910年1月12日付「滿洲と日本」。

る論理として、日韓共同利益論と東洋鼎足平和論を強調したのである。当時、日本や一進会などの親日派たちは、日韓合邦を推進するために東洋平和論を主張し、愛国啓蒙言論は日韓合邦を阻止するために東洋平和論を強調したのである。

むすびに

　これまで、大韓帝国末期の『皇城新聞』と『大韓毎日申報』の日本に対する認識を見てきた。そして、この考察を通して、『皇城新聞』と『大韓毎日申報』の日本に対する認識が、穏健、強硬の差こそあれ大同小異であることを確認することができた。その内容を要約すると次のようである。

　はじめに、『皇城新聞』と『大韓毎日申報』は、日本人の大規模な韓国移住政策、日本の第一銀行券の韓国内流通、日本による韓国の荒蕪地開墾権要求、日本による韓国の施政改善、日本漁船の韓国漁場での不法操業、韓日商業会議所の併合、東洋拓殖会社の設立などを通した日本の韓国経済全般にわたる侵奪行為に対して、強い批判を加えた。また、二紙は、日韓議定書の強制締結と統監政治、高宗の強制退位と韓国軍隊の解散、丁未条約の強制締結と次官政治など、日露開戦以後、持続的に行われた日本による韓国への内政干渉と国権奪取に対しても批判的論調を堅持した。

　二つ目に、日露戦争前後期に『皇城新聞』は、日露戦争を日露両国が満洲と朝鮮半島を掌握するための侵略戦争とみなしつつも、日本は韓国と清国の領土を保全するために開戦したとして、ロシアに比べて日本に相対的に好意的な認識を見せた。『大韓毎日申報』は、日露開

戦を日本の満洲と朝鮮半島に対する掌握野望に焦点を置いて批判した
が、ロシアの利権奪取行為と比較して、やはり日本に相対的に好意的
な認識を示した。しかし、乙巳条約前後期に、『皇城新聞』は、乙巳
条約を東洋三国分裂行為とみなし、外交権譲渡を亡国とみなし、伊藤
統監の赴任を韓国の独立保障に対する公約の破棄とみなして、日本が
主張してきた日露戦争義戦論の欺瞞性を批判した。『大韓毎日申報』
は、乙巳条約を「韓国併呑計劃」とみなし、統監政治を征服者的政治
とみなし、日本の広範囲な略奪的利権奪取行為がロシアより悪辣であ
ると見て、ロシアに比べて相対的に好意的な日本認識を撤回した。

　三つ目に、『皇城新聞』は、日露戦争前後期と乙巳条約前後期に、
韓国の独立を保障する論拠として、東洋三国唇歯論・東洋三国鼎足論・
東洋平和論を主張したが、その主張は、日露戦争前後期には、ロシア
の侵略に対する対応論理に力点が置かれ、乙巳条約以後には、日本の
韓国支配の野望に対する対応論理に力点が置かれた。『大韓毎日申
報』は、日露戦争前後期には、韓国の独立と領土保全を規定した日韓
条約に基づいて、対韓侵略政策の中断を日本に勧告し、乙巳条約以後
には、日本の韓国併呑に伴う東アジア共滅論を強調する一方、日・
韓・清三国が同盟を組んで三国鼎足の形勢をなすことで、西洋勢力を
食い止め東洋平和を維持せねばならないとして、韓国の独立を保障す
る論理として、東洋三国同盟論・東洋鼎足平和論を提起した。このよ
うに、韓国の国権の一部を剥奪された乙巳条約締結以後、東洋平和論
は、韓国の独立を保障する論理として本格的に活用された。

　四つ目に、丁未条約前後期に『皇城新聞』と『大韓毎日申報』は、
ハーグ密使事件と高宗の強制退位、及び日本人次官任用などに対して、
日本に批判的な論調を展開し、『大韓毎日申報』は、日本による韓国
の内政干渉と経済的収奪、及び日本人の残忍な行動に関連して、統監

政治が「旧式の最悪の政府」より韓国に害毒を及ぼしたとして、日本の「保護政治」に最悪の認識を示した。この時期に『皇城新聞』も、日本人が主張する韓国併呑企図に伴う韓日共滅論を強調して、日韓両国の共存と平和を主張し、日・露・清三国の勢力均衡の下での韓国の独立を期待したりもした。一方、この時期に『大韓毎日申報』は、強者である日本の東洋主義は東洋の併呑を追求し、弱者である韓国の東洋主義は国家の消滅をもたらすとして、親日分子たちの没主体的な東洋主義を批判し、国家主義を提唱した。しかし、それは、愛国啓蒙家たちの韓国独立の論理としての東洋平和論を排撃したものではなかった。

　五つ目に、伊藤被殺前後期に『皇城新聞』と『大韓毎日申報』は、一進会の日韓合邦声明を売国売族行為と糾弾し、日本国内で広く主張されている日韓合邦は韓国民の潜在力と世界の形勢からみて不可能であると主張した。二紙は、このような合邦政局に対応して、東洋平和論を一層強調した。『皇城新聞』は、韓国の滅亡を意味する日韓合邦論に対応して日韓共同利益論を提起し、日韓両国の共存と共同利益に基づいた「真面的平和論」を主張した。『大韓毎日申報』は、韓国併呑を偽装した欺瞞的な東洋平和論を排撃し、韓国の独立を前提とする東洋三国の鼎足連帯による「真正な平和策」を強調した。こうした愛国啓蒙言論による韓国独立のための東洋平和論は、日本人や親日派たちによる日韓合邦のための虚構的な東洋平和論とは発想自体が異なるものである。

　六つ目に、『皇城新聞』は、大韓帝国末期の国際社会を、列強が海外進出に汲々とする帝国主義の時代と把握し、日本はロシア以上の帝国主義国家であり、ドイツ皇帝が黄禍論を口にするほど欧美列強から認められた強国であると認識していた。『大韓毎日申報』は、当時日本は世界の八大強国であり、韓国と満洲を掌握するために日清戦争と

日露戦争を挑発した侵略国家であると認識していた。このように、二
紙は、帝国主義の属性と日本の帝国主義的侵略性をよく理解しており、
国際関係の中で日本の対韓政策を綿密に分析した。従って、『皇城新
聞』と『大韓毎日申報』が主張した東洋平和論は、帝国主義の本質を
徹底して理解した上で主張されたものであり、それは日本の韓国併呑
論を阻止しようとする論理、すなわち韓国の独立を保障しようとする
論理として主張されたことが確認される。少なくとも、乙巳条約以後
に愛国啓蒙言論が主張した東洋平和論は、例外なく韓国独立論を下敷
きにしていたことを知ることができる。

第3章 韓国歴史教科書〈近代篇〉の日本認識
― 韓国開港から日韓併合まで ―

Ⅰ。はじめに

　韓国高等学校の国史教科書である『高等学校国史』は、1974年に国定教科書として初版が発行されて以後、1979年版、1982年版、1990年版、1997年版など、全部4回目の改訂版が発行された。韓国高校の国史教科書は国家が指定している一種類だけである。

　韓国の現行1997年版の『高等学校国史』は、近代以前の上巻と近代以後の下券に分かれているが、学生たちは上・下券を義務的に学ぶようになっている。『高等学校　国史』下巻は、Ⅰ　近代社会の胎動、Ⅱ　近代社会の展開、Ⅲ　民族の独立運動、Ⅳ　現代社会の発展など4部分に

構成されている。その中で、Ⅱ「近代社会の展開」の部分は、韓国開港から日韓合併までの韓国近代史が記述されている「韓国開化期篇」である。

　韓国開化期は韓国が近代的な独立国家として発展するのか、外国の植民地になるのかを決める極めて重要な時期であり、近代日韓関係においても最も重要な時期である。それだから、ここでは韓国高校国史教科書の開化期篇に日韓関係がどう記述されているのかを検討しようと思う。

　韓国高校国史教科書の「開化期篇」は日本と韓国関係をいろいろな面で重要に取り扱っているし、記述の分量も他国関係に比べ圧倒的な面数を割愛している。何故かといえば、韓国開化期の全般にわたって、日韓関係、特に、日本の韓国侵略が引き続いたことになり、韓国は近代発展に失敗し、結局、日本の植民地になってしまったからである。

　また、それには韓国開化期から日帝時代にいたる韓国民族の恥辱の歴史について、国を守られなかった貧弱に対する韓国民みずから反省の資にする意味、そして日本の彭脹主義を警戒する意識もあると思う。歴史上の誤りは当然ゆるすべきであるが、それを互いに憶えて未来の亀鑑にするべきであろう。

　今日、日韓両国は相互協力を強調しながら、両国の歴史教科書に深く関心を見せている。歴史的な真実に基づいた過去に対する正しい理解と認識から、日韓両国の親善と協力が可能だと思うからである。そして、両国の歴史教科書は学校教育を通して、相手国に対する感情の形成に強い影響を及ぼしているからである。

　私は、現行1997年版の韓国高校教科書の「開化期篇」が日本について政治的、経済的な面でどう記述しているのかを検討して、韓国国民が日本についてどう教育を受けているのかを調べて見ようと思う。

Ⅱ。政治的な面からの日本認識

(1) 江華島条約(日朝修好条規)と開港

　韓国高校の国史教科書には1876年の江華島条約・開港と日本との関係について次のように記述されている。[1]

　一つには、江華島条約は、明治維新以後、近代国家の体制を整え、資本主義化を急速に押し進めながら海外進出を企てていた日本が、砲艦の威力によって朝鮮の門戸開放を強要した条約であった。

　二つには、江華島条約において「朝鮮は自主国として日本と同等の権利を持つ」という規定は、朝鮮に対する清国の宗主権を否認して、日本の朝鮮侵略の道を開こうとしたのであった。そして朝鮮の釜山のほかに2港(仁川・元山)の開港に対する規定は、経済的な目的を越えて政治的、軍事的拠点を狙った日本の侵略意図を現わしたのであった。

　三つには、江華島条約とその附属条約は、在韓日本人の犯罪に対する日本領事の裁判権、すなわち治外法権条項を設定し、朝鮮国内における日本貨幣の流通と日本の輸出入商品に対する無関税を規定した不平等条約であった。[2]　これによって朝鮮に対する日本の経済的侵略の足場が築かれた反面、朝鮮は国内産業を保護することが出来なくなった。

　以上のように、韓国の歴史教科書は、江華島条約が日本の侵略意図によって強要された条約であり、治外法権と輸出入品無関税まで規定した厳しい不平等条約であったことを明らかにしている。

---

1) 『高等學校 國史』下 (教育部、1997) pp. 73 75 参照。
2) 不平等條約の關係は金敬泰の論文、「丙子開港と不平等條約關係の構造」(『梨大史苑』11、梨大史學會、1973) 参照。

(2) 開化政策の推進

　韓国高校の国史教科書には韓国の開化政策の推進と日本との関係について次のように記述されている。[3]

　一つには、開港後、朝鮮政府は、2回にわたって日本に修信使を派遣して、日本の発展ぶりと世界情勢の変化を知り、開化の必要性をますます感じた、また、新式軍隊を養成するために別技軍(新式軍隊)を創設し、日本人教官を採用して近代的軍事訓練による士官生徒を養成した。

　二つには、1881年、日本に派遣された紳士遊覧団(日本国情視察団)は約3け月間、日本の政府機関と各種産業施設の視察を通して、日本の発展ぶりを見て帰国し、各自の担当分野に関する報告書を提出し、開化政策推進の支えとなった。[4]

　以上のように、韓国の歴史教科書は、開港初期において、日本が朝鮮の開化政策の推進に肯定的な影響を及ぼしたことを認めている。

(3) 甲申政変[5]

　韓国高校の国史教科書には甲申政変と日本との関係について次のように記述されている。[6]

　一つには、金玉均、朴泳孝、徐光範ら朝鮮の開化党要人らは、清国

---

3)『高等學校 國史』下 p. 77 参照。
4)　紳士遊覧団の關係は鄭玉子の論文、「紳士遊覧団考」(『歴史學報』27、歴史學會、1965) 参照。
5)　甲申政變とは、甲申年(1884年)に金玉均ら開化党要人たちが明治維新を手本にして、急進的改革を目差した政変である.
6)『高等學校 國史』下 pp. 80-82 参照。

の干渉を排して自主独立を確立し、日本の明治維新を手本にして急進的な改革を推進しようとした。

　二つには、金玉均を中心とする開化党要人らは、1882年の壬午軍乱[7]後に訪日し、直接日本のめざましい発展ぶりを見て、近代的な国政改革が急務であることを痛感した。

　三つには、開化党要人らは日本公使の支援の約束をとりつけ政変を具体化していたが、清国軍の介入によって甲申政変は失敗に終ってしまった。[8]　政変の失敗後、朝鮮は賠償金の支払い、日本公使館の新築費負担などを内容とする漢城条約の締結を日本に強要された。

　以上のように、韓国の歴史教科書は、日本の明治維新と近代的発展ぶりが韓国の開化党要人らに急進的な改革意志を持つようにし、甲申政変を起こすのに大きな影響を及ぼしたことを認めている。しかし、甲申政変の支援を約束した日本は、政変の失敗後に漢城条約を通して、朝鮮に経済的な負担を与えたことを指摘している。

　(4) 東学農民運動[9]

　韓国高校の国史教科書には東学農民運動と日本との関係について次のように記述されている。[10]

　一つには、朝鮮の農村経済は日本の経済的浸透によって疲弊していった。日本政府の政治的庇護を受けた日本人商人は、朝鮮農民の困窮

---

7) 壬午軍亂とは、政府の舊式軍隊に對する冷遇と改革に反撥して、壬午年(1882年)に起こた軍隊の反亂をいう。

8) 開化派と甲申政變の關係は李光麟の著書、『開化党研究』(一潮閣、1973) 参照。

9)　東學農民運動とは、東國の學(卽ち、朝鮮の學)を標榜する民族的性格の宗教である東學と農民が結束して起した反封建・反侵略運動である。

10)『高等學校 國史』下 p. 84・86 参照。

な状態を利用して、立稲先買(青田買い)[11]とか、高利貸しの手法によって穀物を買い入れ暴利を取った。

　二つには、このような日本の経済的侵略に対応して、咸鏡道と平安道地方では穀物の輸出を禁じる防穀令を下したこともあったが、逆に日本の抗議を受け賠償金まで取られたばかり、何らかの効果もなかった。こうして朝鮮の農村経済はますます疲弊し、農民の日本に対する敵愾心も大きくなっていった。

　三つには、1894年、朝鮮政府の派兵要請に応じて清国が朝鮮に派兵すると、日本も天津条約をたてに朝鮮に軍隊を派遣し日清戦争を起こした。日本の内政干渉に憤激して再び蜂起した東学農民軍は、近代的武器で武装した日本軍に破れて、東学農民運動は失敗に終わってしまった。[12]

　以上のように、韓国の歴史教科書は、日本の経済的侵略による朝鮮農民の被害が東学農民運動の重要な原因になったこと、そして反侵略・反封建を目指した東学農民運動が日本の武力鎮圧によって挫折したことを明らかにしている。

　(5) 甲午改革[13]

　韓国高校の国史教科書には甲午改革と日本との関係について次のように記述されている。[14]

---

11)　入稲先買(青田買い)とは、稲がみのる前に収穫量を推定して、あらかじめ買い入れることをいう。

12)　東學農民運動については姜在彦の論文、「東學思想と農民戦争」(『韓國の近代思想』、ハンギル社、1985)参照。

13)　甲午改革とは、甲午年(1894年)と乙未年(1895年)にわたって實施した近代改革をいう。

14)　『高等學校 國史』下 p.87・88・90 参照。

　一つには、東学農民運動を契機として朝鮮に入った日清両国軍は、すでに朝鮮政府と東学農民軍間に全州和約が成立したので、朝鮮駐屯の名分がなくなった。それゆえに、日本は、東洋平和の脅威となる朝鮮の内乱を防ぐためには、朝鮮の内政改革が不可避だと主張した。しかし、その真のねらいは日本軍の朝鮮駐屯の口実をつくりだし、ひいては清国との戦争で清国の勢力を朝鮮から追い出し、朝鮮侵略の基盤を固めることであった。

　二つには、日本の内政改革の主張に対応して、朝鮮は日本軍の撤収と朝鮮の自主的改革を主張したが、日本は軍隊で朝鮮王宮(景福宮)を占領し、金弘集内閣を成立させ、甲午改革が推進された(1894)。当時、日本は利権侵奪に力をつくし、改革には傍観的な姿勢を保っていたので、甲午改革は事実上、朝鮮の開化官僚の主導で推進 された。15)

　三つには、ロシアなどの三国干渉によって日本勢力が弱まりつつあった時、朝鮮の王妃たる閔妃がロシア勢力を引き入れ日本の侵略勢力を排除しようとしたが、日本侵略者は閔妃を殺害するという乙未事変16)をおこした(1895)。日本人の閔妃殺害と親日内閣の「断髪令」強行に反撥して全国いたるところで義兵17)が立ち上がった。

　四つには、甲午改革は日本帝国主義の勢力によって強要された面もあるが、封建的な伝統秩序を打ち破った近代的な改革であったし、朝鮮の開化人士らと東学農民層の改革意志が反映された民族内部からの近代化運動であった。

　以上のように、韓国の歴史教科書は、東学農民運動の当時に日本の

---

15) 甲午改革については柳永益の著書、『甲午更張研究』(一潮閣、1990) 参照。
16)　乙未事變とは、乙未年(1995年)に日本が朝鮮の王妃たる閔妃を殺害した事件をいう。
17) 義兵とは、國家の有事時に國家を守るために自發的に蜂起した民兵をいう。

朝鮮に対する内政改革の要求は、日本の朝鮮侵略の名分を作るためで
あったことを指摘し、甲午改革当時の日本の関心事は朝鮮での利権奪
取であったこと、そして甲午改革は事実上朝鮮の開化官僚らによって
推進されたことを明らかにしている。また、日本の侵略勢力を退かせ
ようとした朝鮮王妃を日本人らが殺害したことも強調している。

(6) 間島と独島(竹島)

韓国高校の国史教科書には間島・独島(竹島)問題と日本との関係に
ついて次のように記述されている。[18]

一つには、日帝は清国と間島協約を締結して(1909)、満洲の安奉鉄
道敷設権を手に入れる代価として、間島を清国領土として認めてし
まった。日帝が韓国の外交権を掌握し勝手に間島協約を締結したのは
乙巳条約に根拠を置いているが、乙巳条約が韓国皇帝によって無効だ
と宣言されたので、この条約を根拠として結ばれた間島協約も無効で
あるだろう。

二つには、日帝は日露戦争中に独島(竹島)を自国領土に編入すると
いう不法行為を仕出かした。

以上のように、韓国歴史教科書は、韓国と清国との間に帰属問題が
おこっている間島を日本が自国の利益のために清国に譲渡した事実を
指摘している。一方、日本が日露戦争中に韓国を軍事的に占領した状
況で、独島(竹島)を自国領土に編入したことは不法であることを明らか
にした。

---

18)『高等學校 國史』下 p.95 参照。

(7) 抗日義兵戦争

　韓国高校の国史教科書には抗日義兵戦争と日本との関係について次のように記述されている。[19]

　一つには、日本侵略者らによって仕出かされた朝鮮王妃殺害と親日内閣によって強行された断髪令[20]をきっかけに、最初の抗日義兵が全国各地で起きて、地方の主要都市を攻め親日官吏と日本人を処断した。

　二つには、日露戦争の勃発と乙巳条約の締結を契機に国の存立が危なくなると、再び蜂起した義兵らは、乙巳条約の廃棄と親日内閣の打倒を掲げ激しく抗日武装闘争を展開した。義兵として活躍していた安重根は満洲のハルビン駅で、韓国侵略の元凶である伊藤博文を処断した(1909)。[21]

　三つには、苛烈に繰り広げられた義兵闘争は日本軍の残酷ないわゆる「南韓大討伐作戦」を境に大きく減少した。[22]　しかし、多数の義兵たちは間島と沿海洲に移り行き、独立軍になり、引き続き日本軍と激しい戦いを繰り広げたが、一部の義兵は国内に残り、山岳地帯で遊撃戦を展開した。

　四つには、義兵戦争は全国にわたって広範な社会階層を網羅したが、強大な日本正規軍を制圧することはできなかった。しかし抗日義

---

19)『高等學校 國史』下 pp. 96-98 參照。
20)　第3次の金弘集内閣は近代改革の象徴として斷髪を強行したが、長髪であるSANGTOOとして象徴される傳統的な朝鮮社會で、斷髪令の強行は衝撃的なことであった。
21)　義兵の對日抗戰については朴成壽の論文、「大韓帝國軍の解散と對日抗戰」(『韓民族獨立運動史』1、國史編纂委員會、1987) 參照。
22)　いわゆる「南韓大討伐作戰」については姜在彦の論文、「反日義兵の歴史的展開」(『韓國近代史研究』、ハンウル、1984) 參照。

兵は国権回復のための武装闘争を導き、日帝の植民地体制下では、武装独立闘争の基盤をつくることによって、抗日民族運動史の大きな根幹となった。

　以上のように、韓国の歴史教科書は、韓国開化期において最初の義兵が日本人らの朝鮮王妃殺害と断髪令のために蜂起したこと、そして、義兵である安重根が韓国に保護条約を強要した伊藤博文を処断したことを明らかにした。また、日帝の朝鮮侵略が強化すればするほど義兵の武力闘争も強められたことを強調している。一方、高校国史の『教師用指導書』は、日本軍が「南韓大討伐作戦」において、義兵を鎮圧するために一定の地域を包囲した後、前後左右に何回も往復捜索しながら義兵と住民を無差別に殺戮した、いわゆる「撹拌的方法」という残酷な義兵鎮圧作戦を批判している。[23]

(8) 愛国啓蒙運動

　韓国高校の国史教科書には愛国啓蒙運動と日本との関係について次のように記述されている。[24]

　一つには、日露戦争直後、輔安会は土地掠奪をもくろむ日本の荒蕪地開墾権の要求に反対運動を展開して、これを阻止するのに成功したが、日本の圧力で解散させられた。憲政研究会は国民の政治意識の高揚と立憲政体の樹立を目的に設立され、一進会の反民族的な行為を糾弾したが、これも解散させられてしまった。

　二つには、乙巳条約の締結以後、代表的な啓蒙団体であった大韓自強会は教育と産業を振興して独立の基礎をつくることを目的にし、国

---

23)『高等學校國史 教師用指導書』(教育部、1996) p. 175 参照。
24)『高等學校 國史』下 pp. 99-102 参照。

権回復のための実力養成運動を展開した。しかし日帝がハーグ密使派遣を口実に高宗皇帝の退位を強要すると、激しい反対運動を展開して強制的に解散させられた。25)

　三つには、秘密結社であった新民会は表面的には文化的・経済的な実力養成運動を展開しながら、その実、独立軍基地の建設による軍事的な実力養成を企図していた。26)　しかし新民会は日帝がでっちあげた105人事件(寺内統監暗殺未遂事件)によってその組織は瓦解させられてしまった。

　四つには、『皇城新聞』、『大韓毎日申報』など言論機関も、国民啓蒙と愛国心発揚に大きな役割を果たし、本格化する日帝の国権侵奪に抵抗した。乙巳条約に憤慨して書かれた『皇城新聞』の「是日也放声大哭」という論説は有名である。

　五つには、民族の実力養成よって国権回復を目指した愛国啓蒙運動は、国権回復と同時に近代的な国民国家の樹立を目標に掲げ、民族運動の正しい理念を提示した。新民会は共和政体と独立戦争論までも構想した。しかし日帝の政治的、軍事的な隷属下で、愛国啓蒙運動は抗日闘争において限界をもっていた。

　以上のように、韓国の歴史教科書は、韓末の愛国啓蒙運動は抗日義兵戦争と双壁をなす国権回復のための民族運動であることを明らかにし、愛国啓蒙運動は知的、経済的な開発によって民族の独立力量を培養しようとしたが、つまり日帝の弾圧によって挫折させられてしまったことを示している。

---

25) 大韓自強會の活動については柳永烈の論文、「大韓自強會の愛國啓蒙運動」
　　(『大韓帝國期の民族運動』、一潮閣、1997) 参照。
26) 新民會の活動については愼鏞廈の論文、「新民會の創建とその國權恢復運動」
　　(『韓國民族獨立運動史研究』、乙酉文化社、1985) 参照。

III。経済的な面からの日本認識

(1) 日本人商人の貿易独占

　韓国高校の国史教科書には、開港以後、朝鮮における日本人商人の貿易独占について次のように記述されている。27)

　一つには、開港初期に朝鮮で活動した日本人商人は、大部分が対馬と九州地方出身の没落商人や不平武士層として、一攫千金をねらう典型的な冒険商人であり、かれらの活動範囲は開港場から10里(4キロメートル)以内に制限されていた。

　二つには、日本人商人は、日本の領事裁判権、日本貨幣の使用権、日本商品の無関税などを認めた不平等条約を背景に、日本政府の政策的な支援を受けつつ、掠奪的な貿易活動を行なった。

　三つには、1880年代には、清国の商人が大挙進出し、朝鮮の内陸市場をめぐって日本人商人との競争を繰り広げたが、日清戦争の勝利により、日本人商人は朝鮮商人の反撥と清国商人との競争を退け、朝鮮市場を独占的に支配した。

　以上のように、韓国の歴史教科書は、開港初期に朝鮮で活動した日本人商人が、不平等な江華島条約と日本政府の政策的な支援を受けながら掠奪的な貿易活動を行なったこと、日清戦争以後には日本の朝鮮における貿易独占が加速化されたことを指摘している。

---

27)『高等學校 國史』下 pp. 104-105 参照。

(2) 日本の利権侵奪

　韓国高校の国史教科書には、日清戦争以後、帝国主義列強と日本の利権侵奪について次のように記述されている。[28]

　一つには、朝鮮において列強の利権侵奪は1896年の「俄(露)館播遷」[29]の頃から表面化し、ロシアと日本をはじめとする列強は朝鮮の鉄道敷設権、鉱山採掘権、山林採伐権など重要な利権を奪っていった。

　二つには、大韓帝国期に日本の銀行は、銀行業務のほかに関税業務、貨幣整理業務などを掌握し、日本の経済的侵略の尖兵的役割を果したが、特に、日本人財政顧問の目賀田は貨幣整理を主導し、韓国内の中小商工業者に大きな打撃を与えた。

　三つには、日本は日清戦争以後、特に日露戦争以後、貨幣整理と施設改善の名目で朝鮮に尨大な借款を強制的に与えた。日本の借款供与政策は大韓帝国を財政的に日本へ完全に隷属させようとするものであった。

　以上のように、韓国の歴史教科書は、日清戦争以後、朝鮮において利権奪取、金融支配、借款供与などの形態を有する日本の帝国主義的な経済侵奪を指摘している。高校国史の『教師用指導書』は、日本が施政改善の名目で大韓帝国に尨大な借款を与え、特に、日本第一銀行として300万円の借款を供与させ、自ら貨幣整理事業を担うようにし、莫大な利益を取り入れるようにしたことも指摘している。[30]

---

28)『高等學校 國史』下 pp. 105-106 参照。
29)　俄館播遷とは、1896年に朝鮮國王である高宗が歐美派に導かれて、日本の包囲を脱してロシア公使館へ移したことを言う。
30)『高等學校 國史 教師用指導書』(教育部、1996) pp. 176-177 参照。

(3) 日本の土地掠奪

　韓国高校の国史教科書には、開港以後、日本の土地掠奪について次のように記述されている。31)

　一つには、開港以後に日本人商人は開港場内の一部の土地を借りて使ったが、次第に活動範囲を開港場の外に拡大し、朝鮮農民に金を貸し付け、代りに農土を差し押えたり、農地を抵当に高利貸し的手法で奪い取ったりして、土地所有を拡大してきた。

　二つには、日清戦争以後、日本が朝鮮において強力な影響力をもつようになると、日本の大資本家が大挙して朝鮮に進出し、全州、群山、羅州一帯で大規模農場を経営するようになった。

　三つには、日本人による大規模的な土地掠奪は日露戦争をきっかけに本格化した。日本は韓国において鉄道敷地と軍用地の確保という口実で、また、荒蕪地の開墾と駅屯土(駅に付いていた土地)の収用によって大量の土地を奪ってしまった。

　四つには、日韓合併までに日本人が韓国で所有していた土地はおよそ1億5千万坪にいたった。このように日本が莫大な韓国の土地を掠奪したのは韓国の植民地化のための基礎作業であった。

　以上のように、韓国の歴史教科書は、開港以後、日本が引き続き韓国の土地を掠奪し、特に、日露戦争を契機に鉄道敷地と軍用地の確保を名目として厖大な土地を掠奪したことを批判している。『高校国史教師用指導書』は、朝鮮で土地の掠奪を目指して、1908年に設立された東洋拓殖株式会社は1年ぶりに9千万坪の土地を所有し、1910年日韓

---

31)『高等學校 國史』下 pp. 106-107 参照。

合併の前後に日本人が韓国内で所有した土地は1億5千万坪にいたった
と記述している。32)

(4) 経済的侵奪の沮止運動

　韓国高校の国史教科書には、日本の経済的侵奪に対する韓国人の阻
止運動について次のように記述されている。33)

　一つには、日本人商人の農村市場浸透と過剰な穀物搬出を防ぐため
に、朝鮮の地方官が防穀令を下したが、日本の圧力によって防穀令は
撤回され、朝鮮は日本人商人に巨額の損害賠償金まで取られるように
なった。

　二つには、1980年代に外国人商人の活動範囲が開港場から100里(40
キロメートル)まで広がって、日本人商人と清国の商人は競争的にソウ
ル商圏を蚕食してきた。その故に、数千人のソウル商人と市民が外国
人商人のソウルからの退去を主張する商圏守護運動を展開した。

　三つには、1904年、日帝が韓国において経済的侵奪を強めながら、
日本人に莫大な荒蕪地開墾権を渡すよう韓国政府に要求してきたので、
韓国民は積極的に反対運動を展開した。輔安会は国民的に支援され、
連日街頭集会を開き挙族的な反対デモを展開して、ついに日本の荒蕪
地開墾権要求を撤回させた。34)

　四つには、日帝は1907年まで、大韓帝国の1年分の予算とほぼ同じの
巨額の借款を供与し、大韓帝国に対する経済的な隷属化政策を推進し

---

32)『高等學校 國史 教師用指導書』p. 177 参照。
33)『高等學校 國史』下 pp. 107-109 参照。
34)　荒蕪地開墾権要求の問題については尹炳奭の論文、「日本人の荒蕪地開拓權要
　　求に對して」(『歴史學報』22、歴史學會、1964) 参照。

た。これに対応して、愛国啓蒙運動家らは国民の力で国債を返し国権を守ろうとする全国的な募金運動、即ち国債報償運動を展開した、しかし日帝統監府の陰険な弾圧によって、この挙族的な経済的救国運動は挫折させられてしまった。

　以上のように、韓国の歴史教科書は、防穀令の実行、ソウル商人たちの商圏守護運動、荒蕪地開墾権要求への反対運動、国債報償運動などを通して日帝の経済的侵奪に対応する韓国民の努力を浮き彫りにしている。

(5) 近代的民族資本の推移

　韓国高校の国史教科書には、韓国の近代的な商業資本、産業資本、金融資本など民族資本が日本の侵奪に対応した状況について次のように記述されている。[35]

　一つには、開港以後、政府の税穀運搬が日本人の蒸気船に独占され、大きな打撃を受けた京江商人(ソウル漢江辺の運輸商人)は、自分たちも蒸気船を購入し日本人商人に対抗しようとしたが成功に至らなかった。また開城商人の人蔘栽培業も日本人の掠奪な商業活動によって侵害された。

　二つには、門戸開放以後、日本の資本家が朝鮮に進出して大規模の運輸会社を設立し、海上と陸上の運輸業を支配していたので、朝鮮の企業家も蒸気船を購入しこれに対応しながら、海運会社、鉄道会社、鉱業会社などを設立して、民族資本の土台を固めようと努力した。

　三つには、開港直後より日本の金融機関が朝鮮に浸透し、日本人商

---

35)『高等學校 國史』下 pp. 109-111 参照。

人による高利貸し業が盛んになると、これに対抗して朝鮮人は自国資本で朝鮮銀行(1896)、漢城銀行、天一銀行などの銀行を設立した。しかし、日本人は貨幣整理事業などを通して韓国の金融を支配してしまった。

　以上のように、韓国の歴史教科書は、門戸開放以後、いろいろな面で展開された韓国民族の近代的経済建設のための運動が、日帝の政治的圧力と経済的侵奪によって挫折させられた事実を批判的に記述している。

Ⅳ。むすびに

　私たちは今まで、韓国高等学校の国史教科書の開化期篇から日本関連の記述を抽出して纏めてみた。

　一つには、韓国高校の歴史教科書は、日本が軍艦を動員して韓国の門戸を開放させ韓国を合併した時まで、韓国開化期の全般にわたって政治的、軍事的に引き続き韓国を侵略した事実、そして、これに対応して韓国民が粘り強く抗争した事実を強調している。

　二つには、韓国高校の歴史教科書は、韓国開化期に、日本が口では韓国の独立と改革を主張しながら、実際には韓国における利権奪取に汲々としたし、日露戦争以後には、韓半島を軍事的に占領し韓国の外交権から国権まで奪った事実を明らかにしている。

　三つには、韓国高校の歴史教科書は、開港以後、日本人商人が不平等条約と日本政府の政策的な支援を背景に韓国で掠奪的な貿易を恣行し、日清戦争以後には、韓国における貿易独占を加速化した事実を明かにしている。

　四つには、韓国高校の歴史教科書は、日清戦争以後、韓国において利権奪取、金融支配、借款提供などの形を有する、日本の帝国主義的な経済侵奪をくわしく紹介している。

　五つには、韓国高校の歴史教科書は、日帝の経済侵奪に対して韓国側が防穀令の施行、ソウル商人の商圏守護運動、荒蕪地開墾権譲渡の反対運動、国債報償運動などで対応する一方、いろいろな面から近代的な経済建設を目指す韓民族の努力があったことを強調している。

　要するに、韓国高校の歴史教科書は、門戸開放以後から日韓併合までの日韓関係を日本の侵略と韓国の抵抗という構図として認識している。そして、それは日本の侵略が韓国の近代発展の障碍要因になったことを暗示していると同時に、なぜ韓国が外国の侵略の対象になるほど貧弱な国になったかを反省させる意味も含んでいる。過去弱肉強食の時代において、日本は国の富強によって隣国を侵略した誤りを反省しなければならないし、韓国は貧弱なので隣国の侵略を招来した誤りを反省すべきだと思う。

　韓国の歴史教科書は、日本人が考えている程、反日的性格を帯びていない。36)韓国高校の国史教科書〈近代篇〉の執筆者として私は、日本が韓国を侵略したことを記述したが、事実をありのまま書いただけで、反日感情を持って反日感情を持つように記述したことはない。私は、当時外部からの侵略と内部からの抑圧など重なる苦難の状況で、韓国民が反侵略自主化運動と反封建近代化運動を展開した事実を浮き彫りにさせようとした。また私は、韓国民が日本に侵略されたことよりも国権を守る努力を重要視し、過去に対して日本に怨みを持つよりも、未来に向けて発展を念じるように、未来志向的な考えを持って韓

---

36)　高崎宗司『反日感情--韓國・朝鮮人と日本人』(講談社、1993) pp. 17-26　参
　　照。

国教科書を執筆したのである。

　終りに、豊臣秀吉の朝鮮侵略の数年間、そして、近代日本の韓国植民統治の数十年間以外に、日韓両国は1500年余の長い歴史のあいだ、文化交流と経済協力を続いてきた善隣国家であったことを想起する必要があろう。

第4章 日本歴史教科書〈近代篇〉の韓国認識
― 征韓論がら韓国併合まで ―

はじめに

　韓国高校の国史教科書は国定であり、教育部発行のもの一種類だけである。日本の歴史教科書の場合には検定制度であり、高校日本史は民間の教科書会社が教師と研究者に執筆と編集を依頼して教科書を作成し、文部省による検定に合格した後に発行する。複数の教科書会社によって複数の日本史教科書　が発行されているため記述内容にも差がある。韓国関連の記述も、とりあげる項目に差があり、同じ項目でも記述内容にかなりの差がある。そして、日本の歴史科書検定は記述内容にまでおよぶ詳細なものであり、執筆者が自分の学問的・教育的良心に従って自由に教科書を執筆できる状況ではないと言われている。[1]
　1998年度には14社の教科書会社によって、26種類の高校日本史教科

---

1)　君島和彦「教科書検定と日本の教科書」『教科書を日韓協力で考える』(大月書店、1993) p. 42。

書が発行され使われている。26種類の教科書には『日本史A』が5種類、『日本史B』が21種類である。『高等学校新学習指導要領解説　地理歴史編』(1989年)には、『日本史A』の設置の趣旨について、「現代日本の形成の歴史的過程に対する十分理解と認識をもつ」ため、「日本の近・現代史に重点を置いて学習させるというねらいのもとに内容の構成がなされている」と書かれているように、『日本史A』は、日本の近・現代史を中心に書かれたものである。[2]『日本史B』は従来通りの形で書かれているものである。

　私は、1998年に発行された26種類の高校日本史の中で、山川出版社・三省堂・清水書院・東京書籍が発行した『日本史A』4種類と『日本史B』4種類、あわせて、8種類の高校日本史教科書〈近代篇〉に記載されている韓国関連の記述を抽出し、日本歴史教科書が韓国をどう認識しているかを検討して、日本国民が韓国についてどう教育を受けているかを調べて見ようと思う。

Ⅰ。征韓論・日朝修好条規・韓国開港

　日本の高校歴史教科書には、征韓論・日朝修好条規・韓国開港について次のように記述されている。

　一つに、山川出版社の『新日本史B』は、「外交では、幕府からひきついだ不平等条約の改正が大きな課題であった。1871(明治4)年末、右大臣岩倉具視を全権大使とする使節団が欧米に派遣され、アメリカと改正交渉をこころみたが目的は達せられず、欧米近代国家の政治や産

2)　田中曉龍「高校日本史Aの特徴と問題点」(君島和彦ら編著『朝鮮・韓國は日本の教科書にどう書かれているか』、梨の木、1996) p.255。

業の発展状況を視察して帰国した」3)と記述し、同社の『現代の日本史A』は、この使節団が「途中、アメリカで不平等条約の改正を打診して失敗したため、一行はますます日本を欧米なみの文明国にする必要を痛感して帰国した」4)と記述している。

清水書院の『新日本史A』は、「新政府の外交は、開国和親を方針とし、不平等条約の改正と、近隣諸国との国交樹立・国境劃定を課題としていた。1871年末、政府は岩倉具視を全権大使とする大規模な使節団を欧米諸国に派遣した。一行は目的の一つである条約改正の予備交渉には成功しなかったが、諸国の実情を直接に見聞し、国力充実の必要性を痛感して1873年に帰国した」5)と記述している。

このように、日本歴史教科書は、欧米列強と締結した不平等条約の改正努力が失敗した後、1870年代、日本政府は不平等条約の改正のために「国力充実」と「欧米なみの文明国にする」必要があると痛感したと記述し、このような日本政府の発想が近代文明化を積極的にすすめるとともに、欧米列強の砲艦外交を踏襲して、隣国朝鮮を開国させる背景になったことを暗示している。

二つに、山川出版社の『新日本史B』は、明治政府が「朝鮮には発足とともに国交樹立を求めたが、当時鎖国政策をとっていた朝鮮は、日本の交渉態度を不満として交渉におうじなかったので、1873(明治6)年、西郷隆盛・板垣退助らが征韓論をとなえた」6)と記述した。清水書院の『詳解日本史B』は「西郷隆盛を中心とする留守政府は、地租改正・徴兵令などの近代化政策をすすめた。しかし、士族の不満が高まるに

---

3)『新日本史B』(山川出版社、1998) p. 238。
4)『現代の日本史A』(山川出版社、1998) p. 75。
5)『新日本史A』(清水書院、1998) p. 82。
6)『新日本史B』(山川出版社、1998) pp. 238-239。

つれ、内政のゆきづまりを打開するために、鎖国政策をとっていた朝鮮に使節を派遣し、開国要求が入られなければ武力行使もやむをえないとする征韓論が政府内で主張されるようになった」[7]と記述している。

　そして、三省堂の『詳解日本史B』は「清と対等な関係に立った政府は、清と朝貢関係にあり、国交のたえていた朝鮮に対し、これまでの慣例を無視した高圧的な外交文書で開国要求を行った」[8]と記述し、「天皇の名で出された外交文書に、朝貢国である中国の皇帝だけが使うことを許されていた「勅」や「皇」などの言葉が使われていたため、日本と対等の外交関係を考えていた朝鮮にとっては容認できるものではなかった」[9]と註に記述している。

　このように、日本歴史教科書は、征韓論の原因は近代化過程の日本国内において士族の不満を解消し、内政の混乱を打開するためであること、そして、鎖国政策をとっている朝鮮が日本の国交樹立の要求におうじなかったことを指摘し、日本側の「慣例を無視した高圧的な外交文書」のために、朝鮮側が日本の国交再開要求を拒否したことを明らかにしている。

　三つに、三省堂の『明解日本史A』は、「1875年、政府は、首都の漢城近くに軍艦を派遣して朝鮮を挑発し江華島事件をひきおこした。そして翌年、軍隊の力で日朝修好条規をむすばせて、朝鮮進出をはかった」[10]と記述している。東京書籍の『日本史B』は、「1875(明治8)年、朝鮮の江華島付近に侵入して、示威行動をおこなった日本軍艦へ

---

7)『詳解日本史B』(清水書院、1998) p. 242。
8)『詳解日本史B』(三省堂、1998) p. 226。
9)『詳解日本史B』上同。
10)『明解日本史A』(三省堂、1998) p. 87。

の砲撃事件(江華島事件)を機会に、強硬な態度で通文を迫り、翌年、朝鮮側に不平等な日朝修好条規(講和条約)を一方的に結ばせた」11)と記述している。

そして、山川出版社の『新日本史B』は、「日朝修好条規は、釜山ほか2港(仁川・元山)をひらかせ、日本の領事裁判権や関税免除を認めさせるなど不平等条約であった」12)と脚註に記述しているし、三省堂の『詳解日本史B』も、「この条約は、日本に対し、釜山など3港の開港、治外法権の承認、関税の免除、日本貨幣の自由使用などがあたえられており、朝鮮にとってきわめて不平等なものであった」13)と記述している。

このように、日本歴史教科書は、日本軍艦の朝鮮領海侵犯など挑発行為によっておこった砲撃事件を機会に、日本が朝鮮に日朝修好条規を強要した事実と、日朝修好条規が朝鮮国内で領事裁判権・関税免除・日本貨幣使用を規定した極めて酷しい不平等条約である事実を認めている。

四つに、一部の日本歴史教科書は、征韓論の理由を朝鮮の鎖国政策に置いているが、14) やはり征韓論は、朝鮮の鎖国政策よりも、当時日本の不平士族の反政府的動きと欧米列強による不平等条約の不満を海外進出で解消しようとする意図から出たと見るのが正しいだろう。

また、一部の日本歴史教科書は、当時朝鮮を中国の属国のように記述しているが、15)当時中国と周辺国家との事大関係・朝貢関係は、儒

---

11)『日本史B』(東京書籍、1998) p. 238。
12)『新日本史B』(山川出版社、1998) p. 239。
13)『詳解日本史B』(三省堂、1998) p. 226。
14)『詳解日本史B』(清水書院、1998) p. 242；『新日本史B』(山川出版社、1998) pp. 238-239；『明解日本史A』(三省堂、1998) p. 87。
15)『詳解日本史B』(三省堂、1998) p. 226；『新日本史A』(清水書院、1998) p. 83

教文化圏内の倫理的な上下関係であるだけで、周辺国家の内治と外交は自主だったので、近代的従属関係とは全ったく違うのを想起する必要があろう。

Ⅱ。壬午軍乱と甲申政変

　日本の高校歴史教科書には、壬午軍乱と甲申政変について次のように記述されている。

　一つに、東京書籍の『日本史B』は、「1882年には、漢城(現ソウル)で国内改革派の軍制改革や物価騰貴に反撥する兵士が蜂起し、それに合流した民衆が王宮をおそい、さらに、軍事顧問の派遣などによって軍制改革を支援していた日本の公使館を包囲した(壬午軍乱)」16)と記述している。

　壬午軍乱の原因を比較的よく説明している、1997年版自由書房の『新日本史』は、「朝鮮では、日本との貿易増大で物価が高騰したうえに、日本人商人が治外法権を利用して横暴にふるまったので、民衆の反日感情が高まった。1882年、兵士と民衆は、日本に接近する閔氏一派に反対する国王の実父大院君一派とむすび、漢城(ソウル)で反乱をおこし、日本公使館を襲撃した(壬午軍乱または壬午事変)」17)と記述している。

　このように、日本の歴史教科書は、朝鮮の兵士と民衆が日本人商人の横暴、日本との貿易による物価騰貴、朝鮮改革派の軍制改革に反撥

　；『明解 日本史A』(三省堂、1998) p.87。
16)『日本史B』(東京書籍、1998) p.249。
17)『新日本史B』(自由書房、1997) 253。

して壬午軍乱を起したと把握している。

　しかし、三省堂の『詳解日本史B』は、「国王の父の大院君(李昰応)
は、軍隊を動かして日本公使館などを襲い、日本よりの政策をとる閔
妃一族による政権に反撥して、クーデタをおこした(壬午軍乱)」[18]と記
述しているし、清水書院の『詳解日本史B』と、山川出版社の『新日本
史B』など日本歴史教科書は、ほぼ朝鮮国王の父大院君が壬午軍乱を起
した[19]と間違く記述している。

　二つに、東京書籍の『日本史B』は、「朝鮮では、日本の明治維新を
みならって急激に諸制度の近代化をはかろうとする独立党と、従来の
国内体制や清国との関係を維持しようとする事大党との対立がはげし
くなった。1884年(明治17年)、独立党の金玉均らは日本公使館の守備隊
の応援で政変をおこしたが、清国軍隊の反撃をうけて失敗した(甲申政
変)」[20]と記述している。

　そして、山川出版社の『新日本史B』は「日本に接近して朝鮮の国内
改革をはかろうとした金玉均らの改革派(独立党)は、1884年(明治17年)
の清仏戦争での清国の敗北を好機と判断し、日本公使館の援助のもと
にクー・デタをおこしたが、清国軍の来援で失敗した(甲申政変)」[21]と
記述している。三省堂の『詳解日本史B』も、甲申政変とは、日本の支
援で近代化を行なおうとする金玉均ら急進開化派(独立党)が、清にした
がって政治を行なおとする閔妃一族ら保守派(事大党)を除去しおうとす
るクーデターであった[22]と記述している。

---

18)『詳解日本史B』(三省堂、1998) p. 241。
19)『詳解日本史B』(清水書院、1998)　p. 260 ;『新日本史B』(山川出版社、1998)
　　 p. 255。
20)『日本史B』(東京書籍、1998) p. 249。
21)『新日本史B』(山川出版社、1998) p. 255。
22)『詳解日本史B』(三省堂、1998) p. 241。

　このように、日本歴史教科書は、甲申政変とは、明治維新をみなら
って近代化をはかろうとする韓国の急進開化派が、清仏戦争を好機と
判断し、日本公使館の援助のもとにおこした政変であるが、清国軍隊
の反撃をうけて失敗したと把握している。しかし、当時の保守派は開
化に反対する勢力ではなく、漸進的方法で改革を模索する穏健開化派
であった。

Ⅲ。東学農民運動・日清戦争・閔妃殺害事件

　日本の高校歴史教科書には、東学農民運動・日清戦争・三国干渉に
ついて次のように記述されている。
　一つに、山川出版社の『新日本史B』は、「1894年に、朝鮮で減税と
排日を要求する農民の反乱(甲午農民戦争、東学党の乱)がおこると、清
国は朝鮮政府の要請をうけて出兵すると……日本もこれに対抗して出
兵した」23)と記述している。東京書籍の『日本史B』は、「1894年、
地方役人の圧政と日本をはじめとする諸外国の経済的進出に対して、
東学を信仰する団体を中心とした農民反乱が朝鮮南部一帯におこり、
さらに全土に波及しようとした(東学党の乱)。朝鮮政府の依頼で清国が
援軍を派遣すると、公使館員と居留民の保護を名目にして日本も出兵
した」24)と記述している。
　そして、清水書院の『新日本史A』は、「1894年5月、朝鮮南部で東
学に指導された農民が蜂起し、反封建・反侵略をかかげる大規模な農
民戦争に発展した(甲午農民戦争)。朝鮮政府の要請により清国が指圧

---

23)『新日本史B』(山川出版社、1998) p. 257。
24)『日本史B』(東京書籍、1998) p. 260。

のため出兵すると、日本もこれに対抗して出兵した」25)と記述している。

　このように、日本歴史教科書は、東学農民運動を農民戦争、また、東学党の乱と呼称しているが、東学農民運動は内部の圧政と外部の侵略に対応しておこった反封建・反侵略運動として理解している。

　二つに、山川出版社の『新日本史B』は、「農民軍は朝鮮政府と和解しⳝが、日清両国は朝鮮の内政干渉をめぐって対立をふかめ、同年8月、日本は清国に宣戦を布告し、日清戦争ははじまった」26)と記述しているし、清水書院の『新日本史A』は、「日本軍は、農民軍と和解した朝鮮政府から撤退をもとめられたのちも、朝鮮の内政改革を要求してとどまり、漢城の王宮を占領した。朝鮮支配をめぐる日清間の緊張が高まるなかで、……　日本は清国に宣戦布告し、朝鮮半島を主戦場とする日清戦争がはじまった」27)と記述している。

　そして三省堂の『詳解日本史B』は、「条約改正でイギリスの好意的中立を確保し、ロシアにも了解をえた日本は、1894年7月、朝鮮を解放するとの口実で清国軍を攻撃し、8月に宣戦を布告した(日清戦争)」28)と記述している。

　このように、日本歴史教科書は、東学農民軍と和解した朝鮮政府が撤軍を要求するにも拘らず、日本は朝鮮の内政改革を要求しながら軍隊をとどめ、朝鮮の解放を掲げながら、実際には朝鮮支配のために清国に宣戦布告した事実を認定している。

　三つに、三省堂の『詳解日本史B』は、「日本軍は、黄海海戦、朝鮮

25)『新日本史A』(清水書院、1998) p. 99。
26)『新日本史B』(山川出版社、1998) p. 257。
27)『新日本史A』(清水書院、1998) p. 99。
28)『詳解日本史B』(三省堂、1998) p. 243。

平壌の戦闘に勝ち、ついで中国遼東半島の旅順・大連、さらに威海衛を占領し、この戦争は日本の勝利に終った。…… こうして日本は、朝鮮から清の勢力を排除して、朝鮮への影響力を強め、中国への糸口もつかんだ。また日本人の間に中国人をさげすむ風潮が広まっていった」29)と記述している。清水書院の『新日本史A』は、「近代的装備にまさる日本軍は清国軍に大勝し、1895年4月日本全権伊藤博文と清国全権李鴻章とのあいだで下関条約が結ばれた。その内容は、清国が (1)朝鮮の独立を認め、(2)遼東半島・台湾・彭湖諸島を割譲し、(3)賠償金2億両を支払い、(4)新たに沙市・重京・蘇州・杭州の4港を開港する、などであった」30)と記述している。

　そして、東京書籍の『日本史A』は、下関条約の結果、「日本は、清国にかわって朝鮮を支配下におき、遼東半島・台湾を足がかりにして大陸侵略への第一歩をふみだした」31)と記述している。

　このように、日本歴史教科書は、日清戦争に勝利した日本は、朝鮮から清の勢力を排除して、朝鮮への影響力を強めたこと、そして朝鮮の支配のみならず、大陸侵略の第一歩をふみだしたと記述し、日清戦争は侵略戦争であることを示している。

　四つに、山川出版社の『現代の日本史A』は、「日清戦争の勝利の結果、日本は海外に植民地をもち、大陸進出の足がかりをえることになった。しかし、満洲に深い利害関係をもつロシアは、日本の進出を警戒し、フランス・ドイツとともに、日本に遼東半島の清国への返還を勧告した(三国干渉)」32)と記述している。三省堂の『詳解日本史B』

---

29)『詳解日本史B』(三省堂、1998) pp. 243-244。
30)『新日本史A』(清水書院、1998) p. 99。
31)『日本史A』(東京書籍、1998) p. 58。
32)『現代の日本史A』(山川出版社、1998) p. 86。

は、「下関条約が結ばれた直後、ロシアはフランス・ドイツとはかり
、遼東半島を清に返すよう、日本に圧力をかけた(三国干渉)。そこで日
本は、賠償金(3000万両)とひきかえに遼東半島を返還したが、政府はこ
ののち、これを利用して国民のロシアへの敵意をかきたてつつ、軍備
増強を進めていった」33)と記述している。

　そして、清水書院の『詳解日本史B』は、「一方、朝鮮では、王室が
ロシアへ接近し、日本の影響力が弱まった。日本の公使三浦梧楼は、
権威の回復をめざし、1895年10月に閔妃殺害事件をおこしたが、逆に
反日の動きを高め各地で義兵闘争が展開された」34)と記述しているし
、三省堂の『詳解日本史B』は、「朝鮮での反日感情が高まると、日本
公使は独断で王妃閔妃を殺害し、親日派政権をつくろうとしたが失敗
し、国王高宗はロシアに接近していった」35)と記述している。

　このように、日本歴史教科書は、日清戦争の結果、日本は大陸進出
の足がかりをえることになったが、ロシアなどの三国干渉以後、朝鮮
への影響力が弱くなると、日本公使が日本の権威回復のために、ロシ
アに接近する朝鮮の王妃閔妃を殺害した事件をおこしたこと、そして、
朝鮮民衆が反日義兵闘争を展開したことを記述している。しかし、清
水書院と三省堂の『詳解日本史B』以外の日本教科書は、閔妃殺害事件
についてほぼ触れていない。

---

33)『詳解日本史B』(三省堂、1998) p. 244。
34)『詳解日本史B』(清水書院、1998) p. 262。
35)『詳解日本史B』(三省堂、1998) p. 245。

Ⅳ。日本人のアジア観

　日本の高校歴史教科書には、1880年代から1890年代までの日本人の
アジア観について次のように記述されている。

　一つに、山川出版社の『新日本史B』は、日本人のアジア観について
、「壬午軍乱以前には、欧米諸国の東アジア進出に対抗するために、
日本は朝鮮・清国との連帯を強め、両国の近代化を助けなければなら
ないという主張がさかんにとなえられ」たが、壬午軍乱以後、「日本
は朝鮮の清国からの独立と近代化を助けなければならないという議論
と、アジアの日本と清国は朝鮮問題で争うべきではないという主張と
があらわれた」36)と記述している。

　そして、東京書籍の『日本史B』は、「明治10年代には、民権論者の
あいだで、日本とともに、アジア諸国における民権の伸張と独立とを
期待して、アジア諸民族との連帯がとなえられていた」37)と記述して
いる。清水書院の『詳解日本史B』も、このごろ福沢諭吉が、「日本が
朝鮮の近代化を助けるべきだという'アジア改造論'を唱えた」38)と記述
している。

　このように、日本歴史教科書は、日本知識層の間に、壬午軍乱以前
には日本・朝鮮・清国の三国連帯論、壬午軍乱以後には朝鮮独立扶助
論が唱えたこと、そして、大体、壬午軍乱前後から甲申政変にかけ
て、「アジア連帯論」、また「アジア改造論」が、日本社会に風靡し
たと記述している。

---

36)『新日本史B』(山川出版社、1998) p. 256。
37)『日本史B』(東京書籍、1998) p. 269。
38)『詳解日本史B』(清水書院、1998) p. 265。

　二つに、山川出版社の『新日本史B』は、「甲申政変で日清関係が悪化し、また朝鮮国内での親日的な改革派が勢力を失うと、…… 近代化の努力をしない国は欧米諸国によって分割されてもしかたがないが、日本だけは近代化を進めて独立をまもり、さらに欧米諸国とともに東アジアの分割に加わるべきであるという主張(=脱亜論)がさかんになった」39)と記述している。東京書籍の『日本史B』は、「1884(明治17)年に清仏戦争、さらに朝鮮で甲申事変がおこると、福沢諭吉は「脱亜論」をあらわして、おくれたアジアの開明を待つ余裕はないとし、日本はむしろ西欧と行動をともにすべきだと主張した」40)と記述している。

　しかし、清水書院の『詳解日本史B』は、「日本が朝鮮を助けるべきだという「アジア改造論」を唱えていた福沢諭吉も、甲申政変の翌年には「脱亜論」を唱え、アジアの近代化を待たずに欧米列強とともに歩むべきだと主張するようになった」41)と記述している。

　このように、日本歴史教科書は、清仏戦争と甲申政変をきっかけに、日本知識層のアジア観が、「アジア連帯論」と「アジア改造論」、また「朝鮮扶助論」から「脱亜論」と「アジア分割論」へ転回されていたと記述している。

　三つに、山川出版社の『新日本史B』は、日本知識層の脱亜論が「日清戦争の前後にもっともさかんであったが、日露戦争の前には日本を盟主とするアジアの連帯をとなえる論議がふたたび強くなった」42)と記述しているし、清水書院の『日本史A』は、「結果的にみてこの「

---

39)『新日本史B』(山川出版社、1998) p. 256。
40)『日本史B』(東京書籍、1998) p. 269。
41)『詳解日本史B』(清水書院、1998) p. 265。
42)『新日本史B』(山川出版社、1998) p. 256。

脱亜論」を忠実に実行したのが日清戦争であり、…… 戦勝に有頂天に
なった国民のあいだには「文明国日本」の国民であるという優越感と
「野蛮国清」への蔑視感が広まっていった。さらに、三国干渉とその
後の列強による中国分割は、国民に衝撃をあたえたが、欧米への屈辱
感・劣等感と裏腹に隣国諸国への優越感が増幅され、国家主義と海外
膨脹論が高まった。日清戦争前後に形成された「脱亜」の国民意識は
、その後の日本の侵略を支える土壌となったのである」43)と記述して
いる。

東京書籍の『日本史B』は、「三国干渉とその後の列強の中国分割は
、日本人に衝撃をあたえ、…… 海外への膨脹論などをとなえるように
なった。さらに、日露戦争の勝利は、…… 日本人のあいだには、欧米
列強への対応心と、アジアの文明国という自負心から、大国意識が生
まれ、やがて日本は、朝鮮さらに中国へ本格的な侵略をすすめること
になった」44)と記述している。

このように、日本歴史教科書は、日清戦争の前後に日本社会には
「脱亜論」がさかんになって、日清戦争の勝利後には「文明国日本」
への優越感と「野蛮国清」への蔑視感をもつようになったこと、そし
て三国干渉以後には欧米への屈辱感・劣等感をもって、国家主義と海
外膨脹論が高まったし、日露戦争の以前には日本を盟主とする「アジ
ア連帯論」がふたたび強くなったが、日露戦争の勝利後には欧米列強
への対応心と大国意識をもって、朝鮮と中国へ本格的に侵略をすすめ
ることになったと記述している。

---

43)『新日本史A』(淸水書院、1998) p. 100。
44)『日本史B』(東京書籍、1998) p. 269。

Ⅴ。日露戦争と韓国

　日本の高校歴史教科書には、日露戦争について次のように記述され
ている。

　一つに、清水書院の『詳解日本史B』は、「1898年、三国干渉の中心
であったロシアが日本の返還した遼東半島を租借すると、日本の国民
の間に憤激が高まったが、政府は韓国におけるロシアの譲歩を期待し
て、これと協商する方針をとった。しかし、北清事変を機に満洲を占
領したロシア軍は、事変後も撤兵せず、韓国における日本の利益をお
びやかすようになった。これに対し、日本政府では、勢力範囲を限定
してロシアと妥協する案(日露協商論)とイギリスと結んでロシアと対抗
する案(日英同盟論)が対立したが、結局、後者が選ばれ、1902年に日英
同盟が成立した」45)と記述している。

　そして、山川出版社の『新日本史B』は、「韓国と陸続きの満洲がロ
シアの手中にはいることは、日本の韓国における権益をおびやかすも
のであった。日本政府の内部にはロシアと交渉して「満韓交換」を行
おうとするものもあったが(「日露協商論」)、多くはイギリスと同盟し
て韓国での権益をロシアからまもることを主張し、1902(明治35)年に日
英同盟協約が締結された(日英同盟)」46)と記述している。

　このように、日本歴史教科書は、三国干渉の以後、日露両国が満洲
と韓国での権益を巡って対立する時、日本政府では、ロシアと交渉し
て「満韓交換」を行おとする「日露協商論」とイギリスとロシアに対
抗しようとする「日英同盟論」が対立したが、結局1902年日英同盟が

---

45)『詳解日本史B』(清水書院、1998) pp. 264-265。
46)『新日本史B』(山川出版社、1998) pp. 259-260。

締結されたと記述している。

　二つに、清水書院の『詳解日本史B』は、「満洲(中国東北部)と韓国をめぐって日露交渉が行われたが、ロシアは、韓国における日本の軍事行動の制限や中立地帯の設定を求める一方、ロシアの満洲支配には条件を付さないことを主張したので、交渉は決裂し、1904年、日露戦争がはじまった」47)と記述しているし、東京書籍の『日本史A』は、「激戦がつづいたが、1905年1月の旅順の陥落、3月の奉天会戦、5月の日本海海戦と苦戦のなかにも日本軍は勝利をおさめた。しかし、もはや戦争継続は不可能に近かった。そこで、日本海海戦の勝利を機に、日本はアメリカ大統領セオドア・ローズブエルトに日露間の調停を依頼した」48)と記述している。

　そして、三省堂の『明解日本史A』は、「この戦争は、翌年にかけて、清の領土である満洲を中心にたたかわれ、旅順や奉天では両国軍とも数万の死傷者をだすはげしい戦闘がおこなわれた。日本は、100万人をこす兵力を動員し、17億円以上の戦費を使った」49)と記述している。

　このように、日本歴史教科書は、満洲と韓国をめぐった日露交渉が決裂すると、日本は対露戦争をおこし、100万人をこす兵力を動員し、17億円の戦費を使うなど、当時の日本の国力をこえ、戦争で勝利をおさめたと記述している。

　三つに、山川出版社の『現代の日本史A』は、「1905年9月日露講和条約(ポーツマス条約)が調印され、戦争は終わった。この条約によりロシアは日本に、(1) 韓国における日本の支配権、(2) 旅順・大連の租借権と長春・旅順間の鉄道権益の譲渡…… などを認めたが、賠償金の支

---

47) 『詳解日本史B』(清水書院、1998) pp. 265-267。
48) 『日本史A』(東京書籍、1998) p. 66。
49) 『明解日本史A』(三省堂、1998) pp. 101-102。

払い要求には応じなかった」50)と記述している、三省堂の『詳解日本史B』は、「戦争中、苦しい生活を強いられてきた国民は、賠償金がえられないことがわかると、不満が爆発して、各地で講和反対の集会が開いた。…… 東京日比谷公園で開がれた国民大会には多数の民衆が参加し、集会後、内閣大臣官邸や交番を焼打ちした(日比谷焼打ち事件)。政府は戒厳令をしき、軍隊でこれをしずめた」51)と記述している。

そして、清水書院の『詳解日本史B』は、「この戦争は、日本を世界の強国の一員におし上げ、アジアの民族運動にも刺戟を与えて、インド・中国・ベトナムなどで独立運動が活性化した」52)と記述している。

このょうに、日本歴史教科書は、日露戦争の結果、日本はロシアから韓国における支配権と満州での権益を認められたこと、賠償金のない日露講和条約に反撥した民衆が内閣大臣官邸などを焼打ちした「日比谷焼打ち事件」を軍隊でしずめたこと、そして、日露戦争は、日本を世界の強国の一員におし上げ、アジアの民族運動を活性化させたと記述している。

VI。日本の韓国併合

日本の高校歴史教科書には、日本の韓国併合について次のように記述されている。

一つに、山川出版社の『新日本史B』は、「日露戦後の日本は、……まず1905年(明治38)年アメリカとのあいだに非公式の桂・タフト協定を

---

50)『現代の日本史』(山川出版社、1998) p. 92。
51)『詳解日本史B』(三省堂、1998) pp. 247-248。
52)『詳解日本史B』(清水書院、1998) p. 266。

結び、ついでイギリスとは日英同盟を改定(第2次)して、両国に日本の韓国保護化を承認させた。これを背景として、同年中に第2次日韓協約を結び、韓国の外交権をうばって保護国とし、韓国の外交を東京の外務省をつうじて行うこととした」53)と記述している。

　そして、清水書院の『新日本史A』は、「日露戦争がおこると、日本は韓国に迫って日韓議定書を締結し、軍事上必要な土地を接収する権利などを認めさせ、……　さらに第1次日韓協約を強要し、財政・外交の監督権をにぎった。そして日本の韓国支配権について、列強の承認をえたうえで、1905年11月、日本憲兵隊が包囲するなかで開かれた韓国の閣僚会議で、第二次日韓協約(乙巳保護条約)締結を強制し、韓国を保護国とした」54)と記述している。

　このように、日本歴史教科書は、日露戦争の勃発以後に日本は、韓国から軍事上必要な土地接収権と財政・外交の監督権を次第にうばって、一方、米国とイギリス両国に韓国保護国化を承認させた後、1905年に日本憲兵隊が包囲するなかで、第2次日韓協約を強要し、韓国を保護国としたと記述し、日韓保護条約の締結が強制的に出来たことを明らかにしている。

　二つに、三省堂の『詳解日本史B』は、「日本は ……　伊藤博文を初代統監とする韓国統監府をおき、1907年、オランダのハーグで開かれた万国平和会議に韓国皇帝高宗が日本の非法を訴えると皇帝を退位させ、韓国軍隊を解散させた。このため、伊藤博文は独立運動家安重根に射殺され、韓国の軍人は農民とともに義兵闘争にたちあがり、日本に抵抗した」55)と記述している。

---

53)『新日本史B』(山川出版社、1998) pp. 261-262。
54)『新日本史A』(清水書院、1998) p. 104。
55)『詳解日本史B』(三省堂、1998) p. 248。

　そして、清水書院の『新日本史A』は、「1907年、ハーグ密使事件が
おきると、これを口実に韓国皇帝の退位を強要し、新たに第三次日韓
協約を結び、内政指導権をも奪い、韓国軍を解散させた。韓国ではす
でに義兵運動と愛国啓蒙運動を中心とする反日運動がおこっていた。
……　日本は警察・軍隊の力でこれらの民族運動を弾圧したが、1909年
には前統監伊藤博文がハルビン駅頭で、義兵運動の指揮官の1人である
安重根に射殺されるなど日本に対する抵抗がつづいた」56)と記述して
いる。

　このように、日本の歴史教科書は、日本が日韓保護条約を強要し、
これに抵抗する韓国皇帝を退位させ、韓国軍隊をも解散させたので、
日本の侵略に対する韓国民の義兵運動と愛国啓蒙運動が熾烈に展開さ
れ、韓国侵略の元凶伊藤博文が義兵運動の指揮官安重根によって射殺
されたことを認めている。

　三つに、東京書籍の『日本史A』は、「1910年には、軍事力を背景
にして、日本はついに韓国併合を断行した。統監府は朝鮮総督府とな
り、初代総督に寺内正毅陸軍大将が任命された。そして日本の植民地
としての基礎をつくるために、土地調査事業がはじめられた。朝鮮で
日本人が手に入れる土地の所有権を法的にみとめるとともに、朝鮮の
貴族・官僚の所有権を保障して、かれらを植民地支配の支柱とした。
また、軍用地・鉄道用地などの名目でおびただしい土地をうばい、総
督府は膨大な所有地を手に入れた」57)と記述している。

　そして、清水書院の『新日本史A』は、「総督府は朝鮮民衆の言論・
出版・集会・結社の自由を奪い、陸軍を常駐させて民衆生活の末端に
までおよぶ軍事的支配を行った。また、土地調査事業を行い、共有地

---

56)『新日本史A』(清水書院、1998) p. 104。
57)『日本史A』(東京書籍、1998) p. 69。

や申告のなかった土地を国有地に編入し、それを日本の土地会社に安く払い下げた。そのため土地を失う農民が続出し、日本や満州に流出する朝鮮人が急増した。さらに総督の許可を得なければ会社の設立ができないとしたため、朝鮮の民族資本の成長がさまたげられた。また学校でも朝鮮の地理・歴史・言語の学習を大きく制限し、かわりに修身と日本語を強制的に教えるなど、天皇に「忠良な臣民」の育成を重点とする同化政策を強力に進めた」58)と記述している。

　このように、日本歴史教科書は、日本が軍事力を背景に強制的に韓国を併合し、武人総督と軍隊を常駐させて民衆生活の末端にまでおよぶ武断統治を行ったこと、植民地の基礎をつくるために土地調査事業を行い、公有地や申告のなかった土地を国有地に編入し、また軍用地・鉄道用地などの名目でおびただしい土地をうばい、総督府は膨大な所有地を手に入れたこと、さらに総督の許可を得なければ会社の設立がてきないようにして、朝鮮の民族資本の成長をさまたげたこと、そして、朝鮮の地理・歴史・言語の学習を制限し、修身と日本語を強制的に教えるなど同化政策を強力に進めたことを是認している。

むすびに

　私たちは今まて、日本の高校歴史教科書の近代篇から韓国関連の記述を抽出して、その内容を検討して見た。それを要約すれば次のようである。

　一つに、征韓論・日朝修好条規・韓国開港について、日本の歴史教

---

58)『新日本史A』(清水書院、1998) p. 105。

科書は、征韓論の原因は近代化過程の日本国内において士族の不満を解消し、内政の混乱を打開するためであったこと、そして、朝鮮が日本の国交樹立の要求におうじなかったので、日本軍艦の朝鮮領海侵犯など挑発行為によっておこった砲撃事件をきっかけに、日本が朝鮮に日朝修好条規を強要したこと、さらに日朝修好条規が朝鮮国内で領事裁判権・関税免除・日本貨幣使用を規定した極めて苛酷な不平等条約であったことを認めている。

しかし、一般的に日本の歴史教科書は、当時朝鮮を中国の属国のように記述しているが、当時中国と周辺国家との事大関係・朝貢関係は、儒教文化圏内の倫理的上下関係であるだけで、周辺国家の内政と外交は自主だったので、近代的従属関係とは全ったく違うのを思い起こす必要があろう。

二つに、壬午軍乱と甲申政変について、日本の歴史教科書は、朝鮮の兵士と民衆が日本人商人の横暴、日本との貿易による物価騰貴、朝鮮改革派の軍制改革に反撥して壬午軍乱を起したと把握している。しかし、多くの日本の歴史教科書は、朝鮮国王の父大院君が壬午軍乱を起したと間違った記述をしている。

そして、日本の歴史教科書は、甲申政変とは、明治維新をモデルに近代化をはかろうとする韓国の急進開化派が、日本公使館の援助のもとにおこした政変であるが、清国軍隊の反撃をうけて失敗したと認識している。しかし、当時の保守派を開化に反対する勢力ととられているが、当時の保守派の中には漸進的方法で改革を模索しようとする穏健開化派も含まれていた。

三つに、東学農民運動・日清戦争・朝鮮王妃殺害事件について、日本の歴史教科書は、朝鮮の東学農民運動を内部の圧政と外部の侵略に対応しておこった反封建・反侵略運動として理解し、日清戦争は朝鮮

の支配のみならず、大陸を侵略するために、日本が引き起した侵略戦争であることを認めている。

　そして、日本の歴史教科書は、三国干渉以後、朝鮮への影響力が弱くなると、日本公使が日本の権威回復のために、ロシアに接近する朝鮮の王妃閔妃を殺害した事実を認めているが、大部分の日本教科書は、閔妃殺害事件について、ほとんど触れていない。

　四つに、日本人のアジア観について、日本の歴史教科書は、壬午軍乱の以後から甲申政変にかけて、「アジア連帯論」、「アジア改造論」、また「朝鮮扶助論」が日本社会を風靡したが、清仏戦争と甲申政変をきっかけに、「脱亜論」と「アジア分割論」へ転換され、日清戦争の前後に日本社会では、「脱亜論」がさかんになって、日清戦争の勝利以後に日本人は、「文明国日本」としての優越感と「野蛮国清」への蔑視感をもつようになったと見ている。そして、日本の歴史教科書は、三国干渉の以後に日本社会には、欧米への屈辱感・劣等感をもって、国家主義と「海外膨脹論」が高まったこと、さらに日露戦争の前には、日本を盟主とする「アジア連帯論」がふたたび強くなったが、日露戦争の勝利以後には、欧米列強への対抗心と大国意識をもって、朝鮮と中国へ本格的に侵略を進めることになったと見ている。

　五つに、日露戦争について、日本の歴史教科書は、三国干渉の以後、日露両国が満洲と韓国での権益を巡って対立する時、日本政府では、ロシアと交渉して「満韓交換」を行おうとする「日露協商論」とイギリスとロシアに対抗しおうとする「日英同盟論」が対立したが、結局1902年日英同盟が締結されたこと、そして、満洲と韓国をめぐった日露交渉が決裂すると、日本は対露戦争をおこし、国力を傾け戦争で勝利をおさめたこと、また、日露戦争は、日本を世界の強国の一員

におし上げ、アジアの民族運動を活性化させたと記述している。

六つに、日本の韓国併合について、日本の歴史教科書は、日露戦争の勃発以後に日本は、米国とイギリスなどに韓国保護国化を承認させた後、1905年に日本憲兵隊が包囲するなかで、日韓保護条約を強制的に締結したこと、日本が日韓保護条約に抵抗する韓国皇帝を退位させ、韓国軍隊をも解散させたので、日本の侵略に対する韓国民の義兵運動と愛国啓蒙運動が猛烈に展開され、韓国侵略の元凶伊藤博文が義兵運動の指揮官安重根によって射殺されたことを認めている。

そして、日本歴史教科書は、日本は、軍事力を背景に強制的に韓国を併合し、武断統治を行ったこと、総督府は韓国の土地調査事業を行い、公有地や申告のなかった土地を国有地に編入し、また軍用地・鉄道用地などの名目でおびただしい土地をうばい、膨大な所有地を手に入れたこと、さらに韓国の地理・歴史・言語の学習を制限し、日本への同化政策を強力に進めたことを認めている。

要するに、日本高校の歴史教科書は、征韓論から韓国併合までに至る近代において、日本の韓国をはじめ周辺国家に対する侵略事実を記述している。しかし、日本高校の歴史教科書の全般的な流れは、過去の日本帝国主義による侵略行為は、当時、弱肉強食の国際社会で日本が近代発展を推進するのに当然な過程だと感じるようにします。即ち、侵略の事実は記述しているが、侵略の過誤は感じられないようにするのが日本歴史教科書の問題点である。歴史とは過去の良い行為を勧め、悪い行為は再びしないようにするための鏡である。

日本高校の歴史教科書が、近代において日本帝国主義の侵略の誤りを感じるように記述し、これから日本が平和的な民主主義国家を目指すように導くのが未来志向的な歴史記述であろう。

第5章 近代日韓関係の未来志向的認識

Ⅰ。日韓友好協力の前提

　1998年10月8日、韓国の金大中大統領は日本を訪問し、小淵恵三首相と共同宣言文を発表した。その内容は、「21世紀に向けて、日韓両国が過去を清算し、未来志向的に協力すること、そして日韓文化の交流を促進すること」である。[1]　これは日韓関係の新しい道を開いた歴史的な宣言であり、歓迎すべき宣言である。そして今後、日本の漫画・映画・音楽・美術などが韓国への流入することが予想され、ますます日韓の文化交流が盛んになると思う。

　しかし、この宣言によって日韓関係に横たわる過去か清算され、韓国人の根強い「反日感情」と日本人の「嫌韓感情」が一瞬の間に消えたとは思われない。そうした意味で日韓共同宣言は、日韓の過去清算の終りではなく始りであろう。それゆえに、これから民間レベルの持続的な努力が必要である。その持続的な努力とは、何によりも、両国

---

1)『中央日報』1998年10月9日付 4面。

国民が相手国の歴史と文化を内面から理解する努力である。日韓両国の文化交流も両国国民の理解を促進し、相互に良い感情を持って友好的に協力するためにあろう。だからこそ、「日本側の頻繁なお詫びにも拘わらず、なぜ韓国人が今まで日本に怨みを消せずにいるか」を日本の人々が理解するのが両国の文化交流と友好協力の第一関門だと思う。この文章が、その疑問に対する一つの答えになれば幸いと思う。

　今日、日本と韓国の関係は、「近くて、遠い国」と表現されている。しかし、日韓関係1500年の歴史を見ると、日本と韓国は、「近くて、近い国」であった。漢字と儒教・仏教など数多くの大陸文化が、韓国を通じて日本へ伝播され日本文化を豊かにした。江戸時代の1811年まで朝鮮通信使などを通じて、日韓の文化交流が続いた。しかし、日本と韓国は、豊臣秀吉の侵略の時期と近代にはいって数十年の間、不和状態になった。今後、21世紀に向けて、日韓両国は本格的に信頼を回復し、友好協力の関係を建て直すべきだと思われる。

　日本と韓国は、地理的に近い国である。そして、日本は世界第2位の経済大国であり、韓国は世界第11位の貿易立国となった。こうした潜在力を持っている両国は、現代の地域協力の時代において、特に2002年サッカのワールドカップ共同主催国として、友好協力体制をしっかりと整えるべきであろう。

　しかし、現在、日韓の友好協力関係を阻害する様々な要因がある。日韓の間には不幸な過去、即ち、韓国側にとって日本の侵略と植民統治による悪い感情がある。しかし、韓国侵略と植民統治そのものよりも、日本指導層のそれに対する形式的お詫びと合理化発言が、韓国民の日本に対する感情を深くしてきた。それのみならず、日本人は近代先進国として経済的優越感を持っているに対し、韓国人は近代以前の文化的優越感を持っているので、日韓間のスポーツ競技に見られるよう

に、両国人には過剰な競争心が存在するのである。

　このような日韓協力の前に立ちはだかる阻害要因の核心は、過去に対する両国民の民族感情である。故に、日韓の友好協力のためには、民族感情の根源である過去の清算がかならず必要である。過去の清算とは、決して誤った過去を忘れることではなく、誤った過去は誤っていたと率直に認め、誤った過去を正しい未来の鏡とすることである。これが未来志向的な歴史認識であろう。歴史とは、良い事とともに悪い事も事実的に見せて、良い事は勧め、悪い事は再びしないようにするためのものだからである。

　日韓間の過去の清算は、両国の友好協力の新たな出発になるであろう。それだから、われらが両国の過去と歴史をふりかえるのは、未来の志向をあわせ日韓関係を発展させていくためである。

Ⅱ。韓国側から見た近代日韓関係

(1) 侵略と抵抗の歴史

　韓国人の立場でみると、近代の日韓関係史は、侵略と抵抗の歴史であった。

　日本は、米国のペリー提督が率いた黒船の威力によって、1854年に日米和親条約、その後に日米通商条約をむすんで門戸を開放した。ついで、ヨーロッパ諸国とも類似の条約をむすんだ。その時、日本が欧米諸国とむすんだ条約は、相手国の人々が日本国内で罪を犯しても、日本の法律で裁判することが出来ない治外法権を認めており、日本が輸入品に対して自主的に関税を賦課することが出来ない不平等条約であった

。[2] 日本は、1871年からこのような不平等条約を改正しようと努力した。

一方、日本は1876年に軍艦を動員して、韓国と日韓修好通商条約を結び、欧米諸国と同じ方式で韓国の門戸を開放させた。日韓修好通商条約は治外法権を規定するのは勿論、日本商品が関税なしに韓国へ輸入させるように輸入品無関税を規定している。輸入品に対する無関税規定は、欧米諸国とむすんだ不平等条約にも類例のない極めて厳しい条項であった。このように日本は、欧米諸国とむすんだ不平等条約を解消しようとしながらも、韓国に対しては一層厳しい不平等条約を強要したのである。

その後、1894年に日本は、日清戦争をおこして、軍隊で韓国の王宮を侵犯し、韓半島の支配権を手に入れた。しかし、ロシア・フランス・ドイツなど三国干渉によって、日本勢力は一歩退ぞくようになった。その際、韓国の王妃は、ロシアの勢力を利用して、日本の勢力を除去しようとした。すると、日本は、当時の日本公使の主導によって、韓国の王宮に入って王妃を殺害し、屍体を焼却して韓国民のうらみを買ったのである。[3] 当時の国母たる王妃の残酷な殺害のために、韓国民は、「日本は豊臣秀吉の侵略以来の怨讐の国だ」と深い怨みを持って、抗日義兵を起すようになった。

日本は、韓半島と満洲を獲得するために、1904年に日露戦争を起し、すぐ2個師団の兵力を投入して韓半島を占領した。1905年には、日本の軍隊が韓国の王宮を包囲していた中で、日本の特使たる伊藤博文は、韓国の高宗皇帝と大臣たちを脅迫して、いわゆる保護条約を強制的に締結して韓国の外交権を奪った。

---

2) 趙璣濬「開化期日帝の經濟侵奪」『日本の侵略政策史研究』（一潮閣、1984）pp. 4-5。
3) 金祥起「韓末前期義兵の背景」『韓末義兵研究』（一潮閣、1997）pp. 59-63。

　この時、韓国の高宗皇帝は、ハーグの万国平和会議に密使を派遣して、「いわゆる保護条約は強制に締結されたので無効だ」と主張している。すると、日本は、高宗皇帝を強制的に退位させてしまった。[4]　韓国皇帝の保護条約の無効主張と強制退位は、1905年のいわゆる日韓保護条約が、韓国の自由意思によって締結されたことではない事を証明している。

　一方、日本は1905年の日露戦争中、島根県の告示を通じて独島(竹島)を日本の領土に編入した。日本の指導層は、独島(竹島)が日本の固有領土だと主張している。もし独島(竹島)が日本の固有領土だとすれば、なぜその時、島根県の告示が必要だったのであろうか。島根県の告示による日本の独島(竹島)領土編入こそ、独島(竹島)が日本の固有領土ではなかったことを反証しているのである。

　日本側は、島根県の告示について韓国から異議の提起がなかったので、独島(竹島)は法的に日本の領土だと主張しているが、当時の韓国は日本によって軍事的に占領状態にあったのだ。国家自体が滅亡状態にあった時に、韓国が独島(竹島)問題に異議を提起することは出来なかったのである。

　6世紀の新羅時代以来、独島(竹島)が韓国の固有領土だという資料は多い。[5]　19世紀の中期、ロシアの海軍地図は独島(竹島)を韓国の東海の海域に包含していた。[6]　1910年に日本の地図専門製作社の博愛館が刊行した朝鮮全図にも、独島(竹島)は韓国沿岸地方と同じ色でいろづけられていたのである。[7]

---

4)　柳永烈「日本の韓國支配政略と高宗の國權守護運動」『大韓帝國期の民族運動』（一潮閣、1997）pp. 375-378。

5)　宋炳基「資料を通して見た韓國の獨島領有權」『鬱陵島と獨島』（檀國大學校出版部、1999）pp. 169-218。

6)『朝鮮日報』1997年1月14日付　45面。

　京都大学の堀和生教授は、「1905年日本の竹島編入」という論文の中で、「日本政府の竹島領有権の主張は帝国主義の侵略過程で具体化された」と論述し、明治維新の後、1877年に当時最高の国家機関であった太政官が「欝陵島と竹島は日本の領土ではない」と島根県に通報した事実もあったことを明らかにしている。[8]　日本帝国主義の侵略政策がなかったら、今日の独島(竹島)領有権問題はなかったであろう。

　1907年のハーグ密使派遣事件を口実に、日帝は、韓国の高宗皇帝を退位させた後、韓国政府に日本人の次官をおき、韓国の内政をも牛耳り、韓国軍隊までも強制的に解散させた。

　いわゆる日韓保護条約に憤慨して起きた韓国の抗日義兵は、解散された軍人たちも集合して、全国いたる所で日本軍隊に対抗して熾烈な武装闘争を展開した。日帝は、1909年9月から、いわゆる「撹拌的方法」という新たな義兵鎮圧作戦を導入した。すなわち、日本の軍隊と警察は、義兵の出没地域を四方で包囲し、その中の村ごと、家ごとに捜索・逮捕・殺戮を繰りかえし、義兵と住民を無差別に弾圧した。このような苛酷な作戦によって、義兵は鎮圧されたのである。[9]

　そして、日本は、韓国の司法権と警察権を次々に奪って、ついに、1910年には自分たちが立てた純宗皇帝に併合条約を強要して、韓国を植民地にしたのである。

　最近発見された純宗皇帝の遺書は、日韓併合の強制性をあきらかにしている。すなわち、純宗皇帝は、遺書の中に、「併合認准と国を譲渡する詔勅は日本と逆臣のやから(李完用)が私を脅迫し、勝手につくっ

7)『朝鮮日報』1996年2月22日付 記事。

8) 堀 和生「1905年日本竹島領土編入」『朝鮮史研究會論文集』24（朝鮮史研究會、1987）『朝鮮日報』1996年2月22日付 記事から再引用。

9) 柳永烈「列強の東北アジア政略と韓國の國權恢復運動」『大韓帝國期の民族運動』（一潮閣、1997）pp. 335-336。

て宣布したものだ」[10]と供述している。

このように日韓併合条約は、日本の軍事的・政治的な統制状態で強制的にむすばれたのである。ところで、終戦以来から今日にいたるまで、日本の政治指導者たちは、「韓日併合条約は対等な関係で自由意思に締結された」(1965年、佐藤栄作首相)、[11]「併合条約は合意に成立された」(1986、中曾根康弘首相)、[12]「併合条約は法的に有効だ」(1995年、村山富市首相)[13]と主張している。

それだからこそ、日本の政治指導者たちが韓国の植民統治に対して頻繁に謝罪をするにも拘わらず、韓国民はそれを韓国侵略と植民統治に対する真正な反省、または真心からの謝罪とはみていないのだ。ここに日韓両国に越えることの出来ない障壁があるのである。

(2) 日帝の苛酷な植民統治

日帝の植民統治は、韓国人にとってとても苛酷なことであった。韓国併合の以後、日本は、韓国を朝鮮と改称し、表面的には朝鮮人を日本人と平等に対するという、「一視同仁」と「日鮮融和」を唱えた。しかし、日本は同じ職場で同じ仕事をする日本人と韓国人の給料を別に定めるなど、韓国人に対する差別待遇はひどかった。そして「朝鮮人」という言葉そのままが韓国人を軽蔑する用語に使われたのだ。

1919年3月1日、韓国では、日本の武断統治に抵抗して、全国的に独

---

10) 『中央日報』1997年11月14日付 23面。

11) 李元德「日本政治指導者たちの'妄言'と日本政界」『韓國史市民講座』19 (一潮閣、1996) p. 94 ;『朝鮮日報』1995年10月19日付 2面。

12) 李元德、上掲文書 p. 110 ;『朝鮮日報』1995年10月19日付 2面。

13) 藤永 壯「現代日本反動勢力の韓國史認識」『歴史批評』(1998年 あき) p. 292 ; 金영애(ヨンエ)編譯『日本言論から見た終戦50年』(ザンラク、1996) p. 70。

立万歳運動が広がった。日本官憲たちは、韓国人たちの独立運動を強力に弾圧した。日本官憲たちは、独立万歳を叫んだというだけで、京畿道水原提岩里のキリスト教信者と天道教信者など住民29人を殺害したが、その中、22人は提岩里教会の内に閉じこめたまま、教会を焼き払って殺したのであった。14)

日本人が自国のために韓国を植民地にしたのに対し、韓国人は祖国の主権を回復するために独立運動を展開したのである。だが、インドの独立運動にたいする英国の対応にくらべれば、韓国の独立運動にたいする日本の対応はあまりにも厳しかった。

日帝は、満洲事変・日中戦争・太平洋戦争などの侵略戦争を拡大し、韓国の男性たちを戦地に動員させた。また、日本軍部は、韓国の女性たちを挺身隊に徴発した。特筆すべきことは、多数の韓国の若い女性たちを日本軍の慰安婦にしたことだ。15) 当時の韓国社会には、挺身隊への徴発を避けるために、早婚の風潮があったという。統治集団の強制力によって、数有る無垢の女性たちが軍隊の性的道具にされた事は、恐るべき犯罪行為であろう。

ところで、1994年に日本の法務大臣の中野茂門さんは、「太平洋戦争が侵略戦争だというのは正しくないし、従軍慰安婦は当時の公娼であった」16)という発言をしている。日本の政治指導層のこのような度重なる発言は、韓国人たちに日本人が本当に過去を反省しているのか

---

14) 李덕주(ドクズウ)「3・1運動と提岩里事件」『韓國基督教と歴史』(韓國基督教歴史研究所、1997) pp. 51-65。

15) 日本の「女性のためのアジア平和國民基金」が發行した『従軍慰安婦にされた方々への償いのために』(1995)というパンフレットによれば、韓國・中國・臺灣等地から徴發された従軍慰安婦の数は、現在研究者の間では、五萬人とか、二十萬人とかの推計がだされている。

16)『中央日報』1994年5月6日付 5面；『朝鮮日報』1995年10月20日付 6面。

疑問を抱かせるのである。

　終戦後、1953年に日韓会談の日本代表であった久保田貫一郎さんの「日本の韓国統治は韓国人に恩恵だった」[17)]という発言を始め、度々日本の政治家たちは、韓国統治が韓国人に役だったと言及してきた。彼らは、その例として、日帝下における韓国の工業発達と近代的な教育施設を提示している。

　日帝時代に韓国の工業がかなり発達したのは事実であろうが、しかし、当時の日本統治者たちが、韓国人のために韓国の必要に応じて工業発展を追求したかについては否定的である。なぜなら、そのとき韓国は、日本の戦争遂行のための兵站基地になっていたし、あるいは日本帝国の工業発展のための部品工場の性格をもっていたからである。

　一方、教育施設面をみると、1925年に日本は、韓国のソウルに京城帝国大学を設立している。しかしながら、このような教育機関が韓国人の教育振興を目的に建てられたのではなかった。むしろ朝鮮総督府は、韓国の数ある近代的な民族教育機関と既存の大学機関などを弾圧しているのである。

　例えば、朝鮮総督府は、1906年に建てられた韓国最初の近代大学である崇実大学と、1910年に設置された梨花学堂の大学部(梨花女子大学の前身)、および1915年に設置された儆新学校の大学部(延世大学の前身)など、韓国の既存の大学機関を1925年まで専門学校に格下げしている。それのみならず、韓民族の魂を打破するために神社参拝を強要して、応じなかった崇実専門学校など、多くのキリスト教学校を1938年まで廃校させている。[18)]　そして、1922年以来、韓国人たちの民立大学設

17)『朝日新聞』1953年10月22日付 記事；『朝鮮日報』1995年10月20日付 6面；金
　　영애(ヨンエ)、前掲『日本言論から見た終戦50年』p. 70。
18) 柳永烈「韓國最初近代大學の設立と民族的性格」『韓國民族運動史研究』15

立運動も妨害したのだ。[19]

　それゆえに、1925年に朝鮮総督府が設立した京城帝国大学は、決して韓国最初の大学でもないし、韓国人のために設立されたものでもなかったのだ。それは在韓日本人たちの高等教育の為に、また日本帝国主義の植民統治のために設立されたものであった。[20]　したがって、日本が韓国に最初の大学を設立し、韓国人の近代教育の振興に寄与したという日本の政治指導者たちの主張は、事実とは甚だ遠いことである。

　韓国人たちは、日本の植民統治を侵略として、または束縛として思っているのに、日本の一部指導者たちは、植民統治が韓国人に役だったと言っている。それは人の家を強制的に奪ってから、彼の家族を救済したと言うのと違いない。ここに歴史認識の大きな隔たりがあるのだ。

(3) 過去清算の方法

　ドイツのヒットラーは、先進列強の膨脹に対応して、自国の発展と栄光のために、対内的には強力な独裁体制を整え、また対外的にはかずある戦争を通して領土を拡張してきた。

　当時のドイツ国民はヒットラーに熱狂した。当時のドイツ人は、ヒットラーを偉大な英雄と崇め、ナチドイツの軍隊を'愛国の兵士'と誉め称えたのは間違いないであろう。

　ナチドイツの周辺国家の侵攻には自国なりの論理があった。先進列強がドイツの周辺国家を先占すればドイツが危殆になるので、ドイツ

（韓國民族運動史研究會、1997）pp. 96-101、107-109、117-118。
19)　金鎬逸「日帝下民立大學設立運動に對する考察」『韓國近現代移行期の民族運動』（新書苑、2000）pp. 189-190。
20)　馬越　徹「日本型植民地大學としての京城帝國大學」『韓國近代大學の設立と展開』（名古屋大學出版社、1995）pp. 103-105。

が先占すべきだという自国防衛の論理であったし、周辺国家が他の列
強の支配をうけるよりは優秀なドイツ民族の支配をうける方が幸せだ
という我田引水的な論理であった。

　それだから、ナチドイツの立場でみれば、ポーランドへの侵攻はドイ
ツの自衛戦争であったし、ポーランドの解放戦争であったのだ。このよ
うな全体主義・軍国主義の論理からみれば、世界中に侵略戦争という
のは存在しなくて、すべてが自衛戦争、または解放戦争になるわけで
ある。

　ヒットラー式の愛国主義は、周辺国家などを破滅させ、尊い人命を殺
傷した。のみならず、ドイツ自体までも破滅させ、ドイツ国民にもひ
どい苦痛を及ぼしたのである。

　ヒットラーはドイツの愛国者であったのか。愛国心をもって行動すれ
ば、みな愛国者であるのか。当時ヒットラーに熱狂したドイツ国民た
ち、特に愛国の道と信じて侵略戦争に参加したドイツ兵士たちをどう
見るべきか。そこから歴史認識の問題がでるわけである。

　敗戦後、ドイツの指導者たちは、ヒットラーと彼の追従者たちを決し
てドイツの愛国者と認めず、周辺国家とドイツ自体を破壊した侵略戦
争の責任者、または戦争犯罪者とみなした。そして、かれらは、ヒッ
トラーに熱狂したドイツ国民とドイツ兵士をナチズムに間違って導かれ
た侵略戦争の犠牲者とみなした。それだから、敗戦後のドイツ指導者
たちは、ナチドイツの侵略戦争に対する真実な反省によって新たなド
イツを立て直そうとしたのである。

　元ドイツ首相てあるビリ・ブラントさんは、ワルシャワで詭いてポー
ランド人に謝罪したのである。21)　ドイツの体面などはまったく考えな
くて、真心で謝罪をしたのだ。どの用語をつかうか、どの水準で謝罪

---

21)『中央日報』1995年6月7日付 5面。

するか、計算された謝罪ではなかった。大統領のバイツチエッカさん
は、「直接に責任がある人は勿論、若かったり老けていたりするのを
問わず、すべてのドイツ人は過去の遺産を負わなければならない」[22]
と述べて、過去の侵略戦争との関連有無に関係なしに、あらゆるドイ
ツ人の連帯責任まで強調したのである。

　そのように、戦後のドイツは、ナチズムを排撃し、平和志向の新た
な国になったし、ドイツ国民は、ナチズムの妄霊をふり落して、道徳
的に新たな国民になった。これはドイツとナチズムの断節を意味し、
過去の清算をも意味する。それだから、周辺国家なども新たなドイツ
と和解し、あたらしい親善関係を結ぶようになったのである。

　それでは、終戦後に日本の政治指導者たちは、どうしたのであろ
うか。

　終戦後、50年のあいだ日本の政治指導者たちは、機会のある度に、
過去日本が周辺国家に与えた痛みに'遺憾'をあらわした。1990年には、
日本の天皇も、過去日本が韓国民族に与えた痛みに'痛惜の念'を表した
事もある。[23]

　しかし、その遺憾の表明は、被害国家の立場でみれば、帝国主義日本
の侵略行為に対する明瞭な謝罪ではなく、用語と水準の調節された「計
算された謝罪」であった。それは国際社会の視線と日本の体面を考えた
曖昧な謝罪とみられる。したがって、過去の日本帝国主義の行為が、侵
略行為であったか、愛国行為であったかが曖昧になってしまったのだ。

　一方、日本の政治指導者たちは、遺憾の表示と同時に、日帝の侵略
行為を正当化しようとした。1960年代には池田勇人総理が、「日本は
伊藤博文を手本にして、韓国に入り込むべきだ」[24]と発言したし、椎

---

22)『朝鮮日報』1995年10月20日付 6面。
23)『中央日報』1993年11月5日付 4面。

名悦三郎外務大臣は、「台湾を管理し、韓国を併合したのが日本帝国主義であったら、それは栄光に輝く事だ」25)と述べている。

その後も、日本の政治指導者たちは、日本の韓国併合は合意によって出来た事であり、日本の植民統治は韓国の発展に寄与したと主張してきている。

それのみならず、1995年に終戦の50周年をむかえても、日本の国会には、『過去の侵略戦争に対する謝罪と不戦決議』に反対する議員が275名にも達した。26)　日本自民党の'終戦50周年議員聯盟'は、「過去の日中戦争・太平洋戦争は西洋勢力からアジア地域の民族と国家を守って下さった解放戦争だった」27)　と主張している。過去の被害国家の立場でみると、このような主張は「過去の清算」ではなく、「過去の復活」と見られ、日本にも有害無益な主張になるであろう。

ドイツは早めに過去を清算し、周辺国家と親善関係・信頼関係を回復したのに、何故、日本は過去を清算せずに、周辺国家と信頼関係を回復せずにいるのか。

それは一言でいうと、過去の侵略行為に対する歴史認識に誤りがあるからだ。前述のように、戦後のドイツの指導者たちは、過去のナチドイツの行為を侵略行為と規定して、早めにナチズムを排撃して、ナチズムからドイツ国民を断絶させたことで、過去を清算した。

しかし、戦後の日本の指導者たちは、過去の日本の行為をしっかり侵略行為と規定しなかったために、軍国主義から日本国民を断絶できず、そのため、過去の清算が出来なくなっている。

24)『朝鮮日報』1995年10月19日付 2面；『同紙』1995年10月20日付 6面。
25) 李元德、前掲「日本政治指導者たちの'妄言'と日本政界」p. 101。
26)『朝鮮日報』1995年3月9日付 4面；『中央日報』1995年3月15日付 6面の記事には、不戦決議に反對した國會議員の數が252人と集計されている。
27)『中央日報』1995年2月27日付 7面。

　日本国民も過去の軍国主義の犠牲者であったのは間違いない。それだから、日本国民が一部指導者たちの新軍国主義的な傾向を排除する新たな姿勢をみせて、日本が経済大国にふさわしく、周辺国家の信頼を得る道義大国になることを期待するのである。

Ⅲ。日韓友好協力のための提言

　私はこれまで、近代日韓関係をどう見るべきかについて、韓国人の視点から率直に述べてきた。日韓関係をふりかえったのは、日本の過去の誤りを批判するためではなく、日本の謝罪にも拘わらず、なぜ韓国人がいまも日本に怨みを消せずにいるのかを日本の人々に知らせるためである。そして、日本の人々の理解を求めて、日韓関係を「近くて、近い国」になるようにしたいためである。

　私は、日韓友好協力の基礎は相手国をみる視角の転換にあると信じる。「易地思之」という言葉があるように、例えば、日本人は、「もし過去に日本の皇后が韓国公使の指導下に韓国人たちによって殺害されたとすれば、また、過去に韓国の支配下で数多い日本の女性たちが韓国軍慰安婦に引っ張られたとすれば、日本人の感情は果してどうだろうか」と立場を取り替えて考える必要があろう。そして、日本人の植民統治恩恵論は、韓国に反日感情を起こすだけで、日本に益のない主張である。

　一方、韓国人は過去の日帝と現代の日本を分別して、過去の日本帝国主義の誤りを批判することは可であろうが、過去のため日本の全てを問い詰めることは不可であろう。過去の日本の一般国民も「帝国主義者の犠牲者」であったからである、そして、日韓両国の首脳が過去清

算の共同宣言文を発表したので、韓国人は、これ以上の謝罪問題を挙論
してはいけない。それは日本人に嫌韓感情を起こさせるだけである。

　しかし一方で、「結んだ人が解くべきだ」という言葉があるよう
に、日本は、世界の大国らしく、過去の韓国に対する加害国として、
被害国韓国の国民の閉じられた心を開らくために、象徴的措置を行う
ことが望しいと思う。それは、日本が、1905年の「日韓保護条約」と
1910年の「日韓併合条約」が日帝の侵略と強制によって締結された歴
史的事実を率直に認め、その条約の「源泉的無効」を認めることであ
る。そのかわり、韓国は、日帝の植民統治について別途の経済的な賠
償を要求してはならない。歴史的な負債は、金で清算されることでは
なく、未来の鏡とすべきことだからである。

　私は、このような基礎の上で、日韓両国間に「反日」と「嫌韓」の
感情を乗り越える真正な信頼関係が樹立されるだろうと固く信じてい
る。また、日本が過去の軍国主義的な侵略行為を愛国的な行為と思わ
ず、人類に対する罪悪と明確に表現する時に、周辺国家から信頼を回
復することが出来るであろう。そして、世界の人々がナチズムと軍国
主義を「人類の共通の敵」と見做す時、真正な世界の平和と人類の共
存共栄が可能になるであろう。

　そして、日韓の友好協力には、国境を越える人間愛が必要だと思
う。相手国の人々も嬉しさと悲しさを同じく感じる同じ人間として見
る心が必要である。現代の世界は地球村と呼ばれる。先進国は地球村
の「おとな」である。村のおとなは、自分の子供だけではなく、村の
子供も世話をする責任がある。日本は、先進国として世界第2位の経済
大国である。それゆえに、日本は「地球村のおとな」として、日本国
民だけではなく、世界人類の共存共栄のために、特に東アジアの共同
発展のために、経済大国にふさわしい責任感を持つべきである。それ

こそが尊敬される世界的リーダー国になる道であろう。

　「雨降って地固まる」と言うことわざがある。日韓の過去歴史を鏡として、21世紀にむけて、日本と韓国が　　共同繁栄の同伴者になることを心から期待する。これこそが未来志向的な歴史認識だと確信している。

第6章 21世紀の日韓関係の新たな摸索

Ⅰ。反日感情と嫌韓感情の悪循環

　「日本の植民地統治下で韓国が近代化された」と言ういわゆる「植民地近代化論」は、日韓関係においてひとつの争点になってきた。日本の保守的指導層や一部の日本国民は、日本の植民地統治が当時韓国の近代化の助けになったし、終戦後、韓国の産業化や経済成長にも寄与したと言う意識を潜在的に持って、暗に日本の植民地統治の正当性を賦与しようとする傾向がある。しかし良識をもっている日本知識人たちは、日本の植民地統治が日本の利益のための産業政策下で、ある程度植民地韓国を近代化させたとしても、韓国の伝統を破壊し韓国民を収奪して、日本植民地統治下での韓国近代化が、植民主義という不正義を正当化することは出来ないと思っている。

　そして重要な事実は、植民地統治下の近代化と植民地統治の正当化は、全然別の問題だという点である。日本の植民地統治が当時韓国の近代化に役立ったと仮定しても、それが日本の韓国支配を正当化することは出来ないのである。貧乏な隣人の家を強制的に占拠した人が、

「私があなたたちの生活を向上させてあげたから、私があなたの家を占拠管理したのは正しい」と主張すれば、誰がそれを受け入れるのか。ある日本人達の「植民地近代化論」や「植民地統治恩恵論」などは、韓国人達の「植民地統治批判論」に対する自己防御意識の産物だと言える。

　終戦後、アメリカ占領軍の日本統治は、比較的に寛大であったと言われている。そのような、アメリカ占領軍の日本統治の寛大さが、日本の民主主義の発展に寄与したと言う「米軍政民主化論」や「米国統治恩恵論」をアメリカ人たちが主張すれば、日本人たちはアメリカに良い感情を持つようになるのか。いわんや日本が韓国を侵略して強制的に併合し、その正当性を主張すれば、韓国民の自尊心に傷つけて反日感情を激化させるだろう。

　数多い人々は、21世紀を迎えて、日韓関係に新たなパラダイムが摸索されるべきだと言う。それは言うまでもなく、20世紀の日韓が望ましくない関係であったからである。

　日本と韓国は‘宿命的’な隣の国、地理的に近い国である。しかし感情的には遠い国である。その理由は互いの過去の出来事のためである。韓国民の「反日感情」の根本原因は、過去日本の韓国侵略と植民地統治にある。しかし、それよりも終戦後、韓国侵略と植民地統治に対する日本側の形式的で計算的な謝罪と、「日本の植民地統治が当時韓国の近代化の助けになった」という日本人の「植民地近代化論」とか、「植民地統治恩恵論」が韓国民の反日感情をさらに増幅させてきた。したがって韓国側は、過去に対する日本側の誠実な謝罪と反省を重ね重ね要求してきたし、韓国側の継続的な謝罪と反省の要求は日本の人々に韓国を嫌悪する「嫌韓感情」を起し、日韓の間に葛藤の悪循環をもたらした。当然、民族感情に基づいたこのような日韓の葛藤は、

日韓の双方に何の利益ももたらさなかった。

Ⅱ．過去志向から未来志向へ

　では、日韓の間にある潜在的な葛藤を解消し、新たな関係改善をする為には、どのようにすれば良いのか。

　何よりも、両国民の思考の一大転換が必要だと考えられる。本質的には、日韓問題は、論理以前に民族感情の問題であるから、民族のわだかまりを先ず解くべきだと思われる。いままで韓国人は、民族感情を持って過去日本の誤まりを攻撃しながら謝罪を要求して来た。これに対し、日本人は、たとえその誤まりを認めていても、やはり民族感情によって日本の誤まりを防御し、むしろ植民地統治が韓国の為に役立ったと逆襲して来る。このような、互いの主張のみでは、日韓両国民の感情的しこりを解消し、改善してゆく期待を持つ事は、全く望めない。

　しかし見方を変えて見ると、日本の頻繁な謝罪にも拘わらず、なぜ韓国人は、日本に対する過去の怨みを消せずにいるのかを常識的で人間的な次元で韓国人が話すと、日本人は、意外に素直に心から過去の誤りを反省している事実を私は累次の体験を通して確信している。したがって日韓問題は、「攻撃的な民族感情」ではなく、「常識的な人間情緒」で解かなければならないと思う。

　また、私は、日韓両国民が日韓の過去の歴史を過去志向的ではなく、未来志向的に認識しなければならないと強調したい。日本を叱る形で過去に対する反省を強要する時、日本人がこれに素直に感じるはずがないであろう。

　過去、強大国の日本の周辺国家に対する侵略戦争と植民統治による

一次的な犠牲者は、弱小国の周辺国家の国民であった。しかし、もっと強大な力を持っていたアメリカの原爆や戦時動員などによって、日本国民たちも思いもよらぬ程ひどい犠牲を被った。我々は、侵略国家の日本の国民たちも侵略戦争の犠牲者になったという事実に注目する必要がある。ここから侵略戦争とは、両方の国民すべてを犠牲にする行為であり、侵略戦争の主導者は、「万人共同の敵」だという認識を良識のある日韓両国民たちが共有することが出来るようになる。したがって日本の周辺国家に対する侵略戦争と植民地統治は、過去に対する謝罪問題にとどまらず、日本みずからも災難を避ける未来の教訓として受け入れるべきだというのに合意することが出来る。韓国人が、日本の侵略と植民地統治の問題を日本に対する攻撃の武器とするならば、日本人は、反発することが出来るが、未来の平和を摸索する手本として提起すれば、日本人も肯くことが出来るだろう。

　一方、日本人も、過去の軍国主義的「侵略行為」を「愛国行為」と美化しないで、「人類に対する罪悪」と明確に認識する時、周辺国家から信頼を回復することが出来るという事実を銘心しなければならないだろう。そして世界の人々がナチズムと軍国主義を「人類共同の敵」として見なす時、真の平和と人類の共存共栄が可能だという事実を強調する必要がある。過去の侵略問題に対する論議は、過去の責任を追及する目的から、未来の平和を築く目的として開花させるのが「未来志向的歴史認識」であろう。

Ⅲ。敵対的対決から友好的協力へ

　韓国人は、近代以前の韓国は日本より高い水準の文化国家として、

日本に新たな文化を伝播したにも拘わらず、日本は度ごとに侵略で報いたということで、日本を恩しらず国だと考える傾向がある。反面、日本人は、太古から日本と韓国は一家の様であるが、日本が富裕な本家だとすれば、韓国は貧乏な分家だと考える傾向もある。

　韓日両国は、大体互いに兄弟国と見ているが、自国の方が兄だと考えているのだ。たとえば、日韓のスポーツ応援で見えるように、両国民は、すべての分野で、「日本には必ず勝つべきだ」、「韓国だけには負けてたまるか」という対決意識を持っているのが事実である。それは「善意の競争意識」ではなく、「敵対的対決意識」といえる。心に敵対感を持って正しい真の協力が可能になるのか。

　今日、何よりも地域協力が重要視されている。宿敵であるフランスとドイツも相互利益の為に、互いに手をにぎっている。さらに、2002年サッカ─のワールドカップ共同主催を目の前に置く日韓両国は、敵対的対決意識を捨てて「友好的協力意識」を持って共同勝利の同伴者になるべきだろう。

　結論的に、21世紀に向けて、日韓両国が共同勝利の同伴者になるためには両国民の思考の仕組を転換すべきだと考える。

　一つに、日韓両国民は、相手国に対する民族的次元の攻防を人間的次元の理解に転換して、反日・嫌韓感情を解消しなければならないだろう。二つに、日韓両国民は、日韓関係において過去志向的な歴史認識を未来志向的な歴史認識に転換して、侵略反対・平和定着の道をめざして行かなければならないだろう。最後に、日韓両国民は、相手国に対する敵対的な対決意識を友好的な協力意識に転換して、共存共栄の道を共に歩まなければならないだろうと思われる。

부 록

근현대 한일관계 연표

■ 개화기(1876-1910)

1975년 10월 강화도 수병과 일본 군함 雲揚號의 교전(운양호사건)
1976년 2월 불평등조약 朝日修好條規 조인
1880년 7월 修信使 金弘集, 일본 도착
1881년 4월 紳士遊覽團 일본 동경 도착
1884년 10월 軍民, 일본공사관 습격. 일본공사 인천으로 도주(갑신정변)
1885년 9월 일본, 京釜間 전선 가설 요구
1889년 10월 일본공사, 원산항 방곡령 실시 항의
1894년 5월 일본육군, 동학농민운동을 이유로 인천에 상륙
1894년 6월 일본 각의, 조선에 파병 결정
1894년 8월 일본 각의, 실질적 보호국화 정책을 장래 대한정책으로 결정
1895년 4월 시모노세키조약(下關條約)으로 청국, 조선의 독립 인정.
          일본, 요동반도 할양
1895년 10월 민비 살해
1896년 1월 민비 살해에 분노하여 전국적인 의병 봉기
1897년 10월 조선, 국호를 대한제국이라 개칭하고 황제 즉위식 거행
1898년 9월 한일간 경부철도조약 체결
1901년 10월 외부대신 박제순, 한국의 중립화안을 일본에 타진
1904년 1월 한국, 러일개전에 국외 중립 선포
1904년 2월 일본, 러시아와의 전쟁 일으키고 일한의정서 성립시킴
1904년 3월 일본, 한국 주차군 사령부 설치
1904년 4월 일본 戰時 각료회의, 보호국화 결정
1904년 5월 일본 각의, 근본적 대한방침·시설강령 결정

1904년 6월 일본, 황무지개척권 요구
1904년 8월 제1차 한일협약 체결
1905년 4월 일본, 戰時 각료회의에서 한국 보호국화 결정
1905년 5월 고종, 러일전쟁 후 일본과의 협정이 강요로 이루어졌다는
           외교 운동 전개
1905년 11월 일진회, 외교권의 일본에의 위탁을 주장
1905년 11월 제2차 한일협약(을사보호조약) 강제 체결. 전국에서 반일의
           병 봉기
1905년 11월 고종, 헐버트를 통해 보호조약 무효 선언 시도
1905년 12월 일본, 통감부 및 理事廳 관제를 공포하고 伊藤博文을 초대
           통감으로 임명
1906년 2월 일본, 한국에 통감부 설치
1906년 4월 일본통감부, 언론규제 목적으로 보안규칙 반포
1907년 1월 국채보상운동 시작
1907년 4월 고종, 헤이그만국평화회의에 이준 등 특사 파견
1907년 7월 일본, 고종황제를 강제로 퇴위시킴
1907년 7월 일본, 제3차 한일협약(정미7조약) 강요로 한국의 내정감독
           권 확립
1907년 7월 일본, 군대해산 조칙 발표. 의병운동이 최대규모로 전개됨
1907년 8월 대한자강회 해산령 내림
1908년 12월 일본, 동양척식주식회사 설립
1909년 7월 일본 각의, 조선병합에 관한 件 결정
1909년 7월 한국의 사법권이 일본으로 넘어감
1909년 9월 일본, 의병진압을 위한 남한대토벌작전 개시
1909년 10월 安重根, 하얼빈에서 伊藤博文 사살
1909년 12월 일진회, 합방성명서 발표. 황제에게 상주문, 통감 伊藤博文
           과 이완용에게 청원서 제출
1909년 12월 대한협회, 일진회의 합방성명을 규탄
1910년 2월 일본 小村 外相, 在外사신에 조선병합방침과 施設大綱 통보
1910년 3월 안중근, 旅順감옥에서 사형당함

1910년 6월 일본, 경찰사무위탁에 관한 한일각서 조인
1910년 8월 일본, 일한병합조약 공표

■ 일제시대(1910-1945)

1910년 9월 『梅泉野錄』 저자 黃玹, 합병에 분개하여 자결
1911년 1월 일본경찰, 寺內正毅 총독 암살미수사건을 조작하여 민족주
　　　　　　　의자 체포에 착수
1912년 6월 新民會 관련자 123명 공판
1916년 7월 경복궁터에 조선총독부 청사 기공
1917년 10월 面制 실시에 따라 府令으로 일본인 면장을 임명하기 시작
1918년 11월 미주 교포단체, 윌슨 미국대통령에게 한국독립을 요망하는
　　　　　　　진정서 제출
1919년 3월 3·1만세운동 발발. 상해에서 대한민국 임시정부 수립
1919년 5월 金奎植, 파리강화회의에 독립청원서 제출
1921년 1월 서재필, 미국 대통령 하딩과 회견하여 한국독립 후원을 요청
1921년 4월 총독부관제 개혁
1923년 9월 朴烈·金子文子 등, 일황 살해미수 혐의로 동경에서 검거
1923년 9월 일본 관동대지진으로 재일교포 다수 희생
1924년 5월 경성제국대학 예과 개강
1925년 10월 조선신궁, 서울에 기공
1926년 1월 조선총독부, 경복궁 내 새 청사로 이전
1926년 6월 6·10만세 운동
1926년 12월 金九, 임시정부 국무령 취임
1927년 3월 조선총독부, 조선농회 설립
1927년 3월 일본 歷史 교과목의 명칭을 國史로 개정
1928년 1월 일경, 공산당원 대검거 시작
1928년 3월 李東寧·李始榮·金九 등, 상해에서 한국독립당 조직
1928년 11월 총독 齊藤實을 저격한 李義俊·金昌均, 사형선고 받음

1929년 11월   광주학생운동 발발
1929년 12월   신간회 간부 44명과 근우회 간부 47명, 민중대학사건으로
              검거됨
1932년 1월   애국단원 李奉昌, 동경에서 일본천황에게 수류탄 투척
1932년 4월   애국단원 尹奉吉, 상해 홍구공원에서 白川義則을 폭살
1933년 2월   李承晩, 제네바에서 열린 국제연맹에 한국대표로 참석
1933년 5월   각도, 道制 실시 이후 최초의 도의회의원 총선거 실시
1934년 4월   조선농지령 공포
1933년 8월   '한글맞춤법 통일안' 발표
1935년 9월   조선총독부, 각 학교에 신사참배를 강요
1936년 8월   孫基禎, 베를린 올림픽 마라톤 경기 우승
1936년 9월   동아일보, 일장기 말소사건
1937년 2월   조선총독부, 한국 내 교육기관의 일본어 사용을 강제화
1937년 3월   조선총독부, 집무 중 일본어를 사용하도록 각 관서에 지시
1937년 8월   임시정부, 외곽단체를 연합한 '韓國光復戰線' 결성. 좌익은
              '朝鮮民族戰線' 결성
1938년 3월   평양 숭실학교 등, 신사참배 거부로 폐교
1938년 4월   조선총독부, 중등학교 朝鮮語 시간을 수학·실업으로 대치
              시킬 것을 각도에 지시
1938년 9월   조선장로교 총회, 신사참배를 결의
1939년 1월   조선징방령세칙 공포 시행
1940년 9월   임시정부, 한국광복군 창설 취지서 발표
1943년 8월   총독부, 한국에 징병제 시행
1944년 6월   미곡 강제공출 할당제 실시

■ 현대(1945-현재)

1945년 8월   일본이 포츠담 선언을 수락, 미소 양국이 한반도의 분할 점
              령을 결정

1950년 6월 한국동란 발발
1951년 10월 연합국 총사령부의 알선으로 한일예비회담 시작
1952년 2월 제1차 한일회담
1953년 5월 한국, '독도영유' 발표
1953년 10월 한일회담 결렬
1954년 1월 독도에 영토표지 설치
1954년 10월 일본, 독도문제를 국제사법재판소에 제소하자고 한국에 제
            의, 한국 거절
1955년 8월 對日무역통상 전면 정지
1957년 3월 재일교포 북송반대 학생 궐기대회
1957년 3월 일본정부, 乙巳條約 무효, 在韓 재산의 포기를 선언
1958년 4월 일본정부, 반출 문화재의 일부 반환
1959년 6월 주일한국대사, 대일교섭 단절을 공표
1959년 8월 한일회담 재개
1959년 12월 재일교포 975명, 북송
1960년 4월 한일회담 재개
1962년 8월 한일 예비회담 재개
1963년 6월 한일회담시 일본측, 국교정상화 이전 민간차관 1억달러 제공
            의사 표명
1964년 1월 한일 어업회담 개시
1964년 6월 전국 각 대학생, 한일굴욕외교 반대 시위(6 · 3학생운동)
1964년 12월 한일회담 재개
1965년 2월 한일회담 기본조약 가조인
1965년 4월 한일 합의 요강 가조인
1965년 4월 서울시대 대학생들, 한일회담 반대 성토대회
1965년 6월 한일협정 정식 조인, 한일 국교가 회복됨
1965년 8월 한일협정비준안 국회 통과
1965년 11월 일본 중의원, 한일협정 비준안 통과
1967년 8월 제1차 한일각료회의 개막
1972년 4월 대일 청구권 최종 집계, 14만 39억원

1973년 8월 김대중, 동경에서 피납

1974년 2월 한일 대륙붕협정 체결

1982년 8월 국회 문공위, 일본의 역사교과서 왜곡 시정을 촉구하는 4개 항 결의문 채택

1982년 8월 세계교육협회 국제학술회의, 교육을 통한 팽창군국주의 미화 반대 성명 채택. 1983년 1월 나까소네 일본 총리, 방한

1984년 9월 전두환 대통령, 일본 방문

1988년 7월 노태우 대통령, 남북 대결 외교의 종결을 선언(7·7선언)

1990년 5월 일본 아키히토 천황, 과거 한국민의 고통에 대해 '통석(痛惜)'으로 표현

1991년 1월 일북한 국교 정상화 교섭 시작

1991년 9월 남북한 동시 UN가입

1993년 11월 호소카와(細川) 수상이 방한, 창씨 개명 등을 언급하며 일본의 식민지 지배 등을 사죄

1994년 8월 무라야마(村山) 수상이 종군위안부에 대한 위로금 구상 등을 포함한 담화를 발표

1996년 2월 법학·역사학·국제경제학·지리학 등 국내 독도연구학자 20여명, 독도학회 발족

1997년 11월 '한일합병'의 강제성을 보여주는 순종황제의 유언 발견

1998년 10월 한국 金大中 대통령과 일본 오부치 게이조(小淵惠三) 수상, 한일 양국의 과거 청산과 문화교류 촉진을 골자로 한 성명서 발표

1999년 2월 한일어업협정 체결. 독도수역을 양국 중간관리수역으로 규정함으로써 일본의 독도 영유권 주장을 부추기는 결과 초래

1999년 12월 일본 시마네(島根)현 일부 주민 독도로 호적 이전 사실 확인

일본 정치인의 한국관계 발언일지[*]

이름	발언 내용
구보타(久保田) 한일회담 일본측 수석대표	일본의 36년간 한국통치는 한국인에게 은혜를 베푼 것. 일본이 한국에 가지 않았으면 중국이나 소련이 들어갔을 것이다.(1953.10.15)
사와다(澤田) 한일회담 일본측 대표	청일전쟁과 러일전쟁은 어쨌든 일본을 위협하는 세력이 한반도에 진출해 왔기 때문에 이를 압록강 밖으로 몰아내기 위한 싸움이었다. 우리가 최선을 다해 38°선을 압록강 밖으로 몰아내지 않는다면 선조들을 대할 면목이 없어진다. 이것이 일본 외교의 임무이다.(1958.6.11.)
오노반보쿠 (大野伴睦) 자민당 부총재	가능하다면 한국, 대만과 더불어 일본합중국을 형성해 대동아 공영권을 재건했으면 좋겠다.(1958.7.28.)
아라키 문부상	일본인은 아프리카 토인이나, 조선인으로 태어나지 않아 다행스럽다는 자부심을 갖지 않으면 안된다.(1961.7.21.)
시이나 에쓰사부로 (椎名悅三郎) 외상	대만을 경영하고, 조선을 합병하고 만주에 오족협화(五族協和)의 꿈을 택한 것이 일본 제국주의라면 그것은 영광의 제국주의다.(1962.)
이케다(池田勇人) 수상	한일합방을 위해 노력했던 이토히로부미(伊藤博文)의 예를 따라 일본은 한국에 새롭게 파고 들어야 한다.(1962.10.5.)
다가스키 신이치 (高杉 晋一) 한일 회담 일본측대표	일본이 조선을 지배한 것은 조선을 보다 나은 국가로 만들기 위해서였고, 조선을 위해서였다. 일본의 이같은 노력은 태평양 전쟁에 패배함으로써 좌절되었지만 20년쯤 더 오래 조선을 가지고 있었더라면 좋았을 것이다.(1965.1.7.)
다나카 가쿠에이 (田中角榮) 수상	일본과 한반도가 합병한 때가 오랫동안 있었는데…긴 합병의 역사 속에서 지금도 민족의 마음속에 심어진 것은 일본에서 김 재료를 가져와 한국에 가르쳐 주었다는 점, 또 일본의 교육제도는 오늘날에도 지켜가는 훌륭한 것…역시 경제적인 것 보다는 정신적인 것, 참다운 생활속에 뿌리 박은 것이 가장 중요하다는 것을 이번 아시아 5개국 방문에서 깊이 생각했다.(1974.1.24.)
이시이(石井) 법상	한국은 야만국이다.(1975.)
소노다(園田) 외상	일본의 신공왕후 이전에는 한국이 일본을 괴롭혔다. 그러니 일본의 한국침략을 너무 들출게 없다.(1981.9.)

[*] 이헌종, 「일본지도층의 대한망언 연구」, 『殉國』 1990년 9·10월호 참조.

마쓰노 유키야스 (松野幸安) 국토청장관	한국의 역사 교과서에도 오류는 있다. 한일합방을 두고 한국 교과서는 일본이 침략했다고 기술하고 있으나, 당시 한국의 국내정세 등을 감안할 때 어느 쪽이 옳았는지 알 수 없다. 한국의 일본교과서 왜곡에 대한 시정요구는 경우에 따라서 내정간섭이 될 수도 있는 만큼 의연한 태도로 임해야 한다.(1982.7.23.)
오가와(小川) 문부상	교과서 검정은 내정문제이다. 검정은 공정하고 중립적인 입장에서 행해지고 있으며, 일본 교과서에 대한 한국이나 중국의 비판은 가당치 않다.(1982.7.24.)
다나카 로쿠스 (田中六助) 자민당 간사장	올림픽을 보아도 한국의 선수는 유도에서 함부로 상대의 팔꿈치를 공격하는 등 지저분한 일을 한다. 한국은 좋아할 수 없는 나라이다.(1984.8.10.)
나카소네 야스히로 (中曾根康弘) 수상	과거에 있어서 폐를 끼치고 慘害를 입힌 것에 대해 깊이 반성하고 다시 일어나는 일이 없도록 결의하고 있다.(1984.8.)
호소미 다카시 (細見) 일본해외경제협력기금책임자	만약 과거 역사에 대한 한국정부의 무례한 대일 자세가 금전으로 시정될 수 있다면 한국을 도와줄 수 있다.(1985.8.8.)
후치오 마사유키 (藤尾正行) 문부상	일본의 교과서 왜곡에 대한 불만을 말하는 놈들인 한국과 중공은 세계사 속에서 그같은 일을 한번도 안했는지 생각해 보아야 할 것이다.(1986.7.25.) 한일합병은 형식적으로 양국의 합의 하에 성립됐다. 한국 측에도 얼마간의 책임은 있다.(1986.9.6.)
나카소네 야스히로 (中曾根康弘) 수상	태평양전쟁은 있어서는 안될 잘못된 전쟁이며 중국을 침략한 사실도 있다.(1986.9.16.)
가메이 시즈카 (龜井靜香) 자민당 의원	현대처럼 한국과 중공이 교과서 문제, 야스쿠니신사참배 문제 등에 간섭하면 스트레스가 쌓여 10년, 20년 후 한일간에 전쟁이 일어나지 않는다는 보장이 없다.(1986.10.)
니시무라(西村) 히로시마 시의원	장차 또 한일합병이 이루어질 수만 있다면 이거야 말로 만만세다. 전쟁때는 일본인도 똑같이 징용당했다. 지금에 와서「한국인 강제연행」이라고 말하기 어렵다. 한일합병을 침략이라든가 식민지화였다고 생각한다면 구제할 길이 없다.(1987.12.15.)
미무라 오사무 (味村治)	일왕은 국내법과 국제법 그 어느쪽을 보더라도 전쟁에 대한 책임이 없다.(1889.2.14.)

다케시타(竹下登)	2차대전에 침략행위가 있는 지는 몰라도 전쟁 자체를 침략전쟁으로 규정하는 것은 학문적으로 어려운 일이며, 침략 전쟁 여부의 규정은 후세의 역사가가 평가할 문제이다.(1989.2.18.)
모리타 아키오 (盛田昭夫) 소니 회장	경제적 성공을 거둔 한국·대만·싱가포르 등은 한때 일본의 지배하에 있었으며, 이같은 일본통치는 많은 긍정적인 영향을 초래하였다.(1989.8.)
나카야마 다로 (中山太郎) 외상	2차대전은 근린제국 및 국민에 중대한 손해를 끼친 일본의 군국주의적 침략이었다는 인식을 갖고 있다.(1990.5.)
가이후(海部) 수상	과거의 한 시기, 한반도의 여러분들이 우리 나라의 행위에 의해 견디기 어려운 고난과 슬픔을 체험하셨던데 대하여 겸허히 반성하며 사죄한다.(1990.5.24.)
아키히토(明仁) 天皇	우리 나라에 의해 초래된 이 불행했던 시기에 한국국민들이 겪었던 고통을 생각하고 본인은 통석(痛惜)의 염(念)을 금할 수 없다.(1990.5.24.)
무라야마(村山) 수상	과거 한 시기에 일본의 침략 행위와 식민지 지배는 일본국민들에게 많은 희생을 치루게 했고, 아시아 각국 국민들에게 커다란 상처를 남겼다.(1994.9.)
오쿠노 세이스케 (奧野 誠亭) 자민당 종전50주년 국회의원연맹 회장	한국은 일제 치하 36년에 대해 자주 말하지만 한국 입장에서 본 일본, 일본 입장에서 본 한국이라는 논리는 왜 성립되지 않는지 보았으면 한다. 安重根도 한국에서 보면 영웅이지만 일본에서 보면 이토 이로부미(伊藤博文)을 죽인 사람이다. 일본도 잘못을 범했지만 왜 일본만이 나쁜 나라가 되어야 하는가.(1995.3.16.)
와타나베 미치오 (渡邊美智雄) 前 외상	일본이 한국을 통치한 것은 있지만 식민지 지배는 아니었다. 한일합방 조약은 원만하게 맺어진 것으로 무력으로 이루어진 것은 아니다.(1995.6.3.)
무라야마 도미이치 (村山富市) 수상	한일합방 조약은 법적으로 유효하게 체결되었다.(1995.10.5) 한일합방조약은 형식적으로는 합의하에 성립된 것으로 되어 있지만, 실질적으로는 당시의 역사적 배경이 깔려 있는 상황에서 성립된 조약이었다. 그 당시의 상황에 대해서는 우리나라도 깊이 반성해야 할 점이 있다. 조약 체결에 있어서 쌍방의 입장이 평등했다고는 생각하지 않는다.(1995.10.13.)
에토 타카미 (江藤隆美) 총무청 장관	한일합방이 무효였다면 국제협정은 성립되지 않는다. 당시 나라가 약하면 당했던 시대였기 때문에 어쩔 수 없는 일이었다. 식민지 시대에 일본이 한국에 좋은 일도 했다.(1995.10.11.)

開化期(1876-1910) 韓日兩國主要條約

朝日修好條規 (1876.2.22.)

朝日修好條規附錄・朝日貿易章程(1976.7.6.)

釜山港居留地借入約書(1877.1.30.)

海底電線設置ニ關スル日韓條約(1883.3.3.)

朝日通商章程・海關稅目・日本人漁採犯罪條規・日本人間行里旅程條約(1883.6.22.)

日本朝鮮兩國通漁規則(1889.11.12.)

漁業ニ關スル協定(1908.10.31.)

濟物浦條約(1882.8.30.)

漢城條約(1886.1.9.)

辦理通聯萬國電報約定書(1888.8.18.)

朝日通漁章程(1889.10.20.)

韓日議定書(1904.2.23.)

韓日協約(1904.8.22.)

韓國通信機關委託ニ關スル取極書(1905.4.1.)

韓國沿海及內河ノ航行ニ關スル約定書(1905.8.13))

韓日協約(1905.7.24.)

警察事務執行ニ關スル取極書(1907.10.29.)

韓國司法及監獄事務委託ニ關スル覺書(1909.7.12.)

韓國中央銀行ニ關スル覺書(1909.7.26.)

韓國警察事務委託ニ關スル覺書(1910.6.24.)

韓國倂合ニ關スル條約(1910.8.22.)

韓國倂合ニ關スル宣言(1910.8.29.)

한국어 색인

248

250

252

日本語 索引

258

◇ 著者 略歷 ◇

全州高等學校 卒業

崇實大學校 史學科 卒業

高麗大學校 大學院 文學碩士・文學博士

教育部 國史編纂委員會 編史研究官

高等學校 國史 研究開發委員

韓國基督教學校聯盟 韓日教科書共同委員會 委員

日本 明治學院大學 客員 研究教授

現在 崇實大學校 史學科 教授
　　韓國民族運動史研究會 總務理事
　　社團法人 6・3同志會 副會長

<著 書>

『資料 大韓民國史』3~7(探求堂, 1971~1974)<編著>

『韓國史大系』5(삼진사, 1973)<共著>

『開化期의 尹致昊研究』(한길사, 1985)<著著>

『韓國近代民族主義 運動史研究』(一潮閣, 1987)<共著>

『韓國史上의 政治形態』(一潮閣, 1993)<共著>

『高等學校 國史』下(教育部, 1990, 1996)<共著>

『大韓帝國期의 民族運動』(一潮閣, 1997)<著書>

『民族과 基督教와 崇實大學』(崇大出版部, 1998)<著書>

『基督教 民族運動家 曺晩植』(崇大出版部, 1998)<著書>

『韓國史』43(國史編纂委員會, 1999)<共著>

한일관계의 미래지향적 인식

인쇄일 초판 1쇄 2000년 12월 15일
        2쇄 2015년 05월 20일
발행일 초판 1쇄 2000년 12월 20일
        2쇄 2015년 05월 23일

지은이 유 영 렬
발행인 정 찬 용
발행처 **국학자료원**
등록일 1987.12.21, 제17-270호

서울시 강동구 성내동 447-11 현영빌딩 2층
Tel : 442-4623~4 Fax : 442-4625
www. kookhak.co.kr
E- mail : kookhak2001@hanmail.net
ISBN : 978-89-8206-489-0 ★ 93910
가 격 12,000원